Herzlichen Gruss
von Onkel Hellmuth

Fünf Reflexionen

Helmut Stofer

Fünf Reflexionen

Peter Lang
Bern · Frankfurt am Main · New York · Paris

CIP-Titelaufnahme der Deutschen Bibliothek

Stofer, Helmut:
Fünf Reflexionen / Helmut Stofer. – Bern ;
Frankfurt am Main ; New York ; Paris : Lang, 1988
ISBN 3-261-03832-2
NE: Stofer, Helmut: [Sammlung]

© Verlag Peter Lang AG, Bern 1988
Nachfolger des Verlages
der Herbert Lang & Cie AG, Bern

Alle Rechte vorbehalten.
Nachdruck oder Vervielfältigung, auch auszugsweise,
in allen Formen wie Mikrofilm, Xerographie,
Mikrofiche, Mikrocard, Offset verboten.

Herstellung: Weihert-Druck GmbH, Darmstadt

INHALTSVERZEICHNIS

Einleitung 7

I *Zum Identitätsproblem* 9
Begriff – Logik – Mathematik – Physik – Psychologie – Biologie – Der Kosmos – Das Absolute

II *Das Gedächtnis* 73
Begriff und Funktion – Gedächtnis und Instinkt – Gedächtnis und Zeitbewusstsein – Die Sprache – Die Wahrnehmung – Der Objektbezug – Die Autonomie des Gedächtnisses – Täuschungen des Gedächtnisses – Beherrschbarkeit des Gedächtnisses? – Beruf und Alltag – Schlussbetrachtung

III *Irrtum, Täuschung, Verstellung, List* 101
Allgemeine Betrachtung: Irrtum. Täuschung. Verstellung. List in der unbelebten Natur und im Reich der Lebewesen (Pflanzen Tiere); im Menschenleben (bewusste Lüge. Kleidung. Maske. Selbsttäuschung); Verborgenheit des göttlichen Seins.

IV *Zur Problematik des kategorischen Imperativs Kants* 123
Grundformel. Kasuistik auf dem Gebiete der Ethik. der Kunst. der Technik. der Technik des Bewertens; Kritische und praktische Vernunft –

Das Rechts- und Unrechtsbewusstsein — Das Rechtsgefühl — Das Gewissen — Anhang

V *Über die Erkenntnis des Fremdseelischen* 151
Die Sprache — Graphologie — Psychologische Teste — Körperliche Ausdrucksarten — Das Interesse als Bewusstseinsinhalt — Massenpsychologie

EINLEITUNG

Die Philosophie ist heute weitgehend wegen ihres Formalismus von den Naturwissenschaften, von Psychologie und Biologie verdrängt worden. Indessen ist ihre Problematik nicht verschwunden, sondern oft im Zusammenhang mit der Wissenschaft ausgedehnt und verschärft worden; ihre Probleme haben das Feld des Wissens in hohem Masse erweitert und vertieft.

Die Reflexionen befassen sich mit Grundfragen des Wissens, zunächst mit dem Problem der *Identität*, das sowohl als logisches Gebilde wie auch als gegenständliche Ausgestaltung von grösster Bedeutung ist.

Eine weitere Studie gilt dem *Gedächtnis*, das schon in Kants Erkenntnistheorie eine grosse Rolle spielte.

Eine Untersuchung über *Irrtum, Verstellung und List* zeigt, dass diese Verhaltensweise in der Natur integriert sind.

Eine Kasuistik des *kategorischen Imperativs Kants* ergibt die Unhaltbarkeit dieser Lehre, da man mit reiner Logik keine Wertordnung errichten kann.

Die *Erkenntnis des Fremdseelischen* aus der Sprache und körperlichen Ausdrucksmitteln kann nur unvollständig sein.

Auf verschiedenen Gebieten ergibt sich, dass das Verhalten des Menschen und das Geschehen in der Welt des Lebens, durch übergreifende Ordnungen geregelt wird.

Die Reflexionen ergeben ein Weltbild von grösster Mannigfaltigkeit und unaufhörlicher Bewegung.

Alles Denken gibt Anstösse zu neuem Forschen.

I ZUM IDENTITÄTSPROBLEM

Begriff

Zwei Gegenstände oder Vorgänge sind identisch, wenn alle ihre Eigenschaften übereinstimmen. Man kann auch sagen, wenn alle richtigen Urteile, die über die gefällt werden, gleich sind oder auch, sofern jedes Prädikat, das für den einen Gegenstand (X) zutrifft auch für den andern Gegenstand (Y) zutrifft und umgekehrt. (vergl. Hilbert und Ackermann: Grundzüge der theoretischen Logik 1949 S. 107)
Mehrere oder viele identische Gegenstände kann man auch als *gleich* bezeichnen.
In der theoretischen Logik wird die Identität oft mit der Formel $\equiv$ (XY) ausgedrückt. Urteile über identische Gegenstände sind *allgemeingültig*. (wie analytische Urteile)

Der Begriff der Identität umfasst auch den der *Dieselbigkeit* eines Gegenstandes.
Ob ein Gegenstand derselbe ist, den man wahrgenommen hat oder nach dem man forscht, ist ebenso wichtig wie die Feststellung, dass mehrere Gegenstände identisch sind und oft ebenso schwierig. Man denke an die *Metamorphosen* in der Biologie z.B. an Larven, welche zu Raupen werden und sich zu Faltern entwickeln oder an Engerlinge, die sich in Maikäfer verwandeln oder an Bäume, die aus kleinen Kernen entstehen.
Logisch wird die Dieselbigkeit als X=Y dargestellt. Derselbe metallische Gegenstand ändert sich auch entsprechend seiner Umgebung, dehnt sich am Äquator aus, zieht sich am Nordpol zusammen.

Sehr schwer ist oft die Identifizierung wirksamer Stoffe in der Chemie, häufig sind mehrere verschiedene Stoffe als identische Ursache in einem Kausalzusammenhang wirksam.

Den Gegenpol zur Gleichheit bildet die *Verschiedenheit*. Gleichheit und Verschiedenheit gehören zu den obersten Verstandesbegriffen. Ob Gegenstände gleich oder ungleich sind, wird durch die Methode des Vergleichens abgeklärt; dies erfordert eine *Analyse* der zu vergleichenden Gegenstände. Eine *vollständige* Identität wäre erst gegeben, wenn sämtliche Teile eines jeden zu vergleichenden Gegenstandes auf ihre Identität überprüft worden wären.

Dies ist nur bei ideellen, abstrakten Gegenständen nicht aber auch bei materiellen möglich, da diese sich aus zahlreichen Elementarteilchen zusammensetzen.

Meistens sind Verschiedenheiten gegeben, die eine Identität der einzelnen Gegenstände ausschliessen, also keine schlechthin allgemeingültigen Urteile ermöglichen. Anderseits genügt praktisch eine teilweise oder annähernde Identität für die erstrebte Erkenntnis in den meisten Fällen.

Oft ist für die Identifizierung nur ein identischer Teilkomplex erforderlich.

Der Unterschied eines *materiellen* (festen, flüssigen, hohlen, gasförmigen Körper) und eines *ideellen* Gegenstandes lässt sich verschieden bestimmen.

Ein materieller ist ohne Form nicht denkbar, ein ideeller entbehrt des (greifbaren) Inhaltes, beruht demnach auf einer *Abstraktion*. Anderseits sind die Gegenstände einer Wahrnehmung gewöhnlich materiell, die Wahrnehmung selbst, wie Vorstellungen und Urteile ideell. Gefühle und Bestrebungen als solche sind als Erlebnisse wirklich.

Sind materielle Gegenstände nicht vollständig in allen Teilen erfassbar, praktisch jedoch genügend bestimmbar, weisen auch ideelle Gegenstände bei gleichen Oberbegriffen oft verschiedene Formen auf: ein Dreieck kann gleichschenklig, rechtwinklig, spitzwinklig sein, ein Viereck als Quadrat, Rechteck, Rombus, Trapez erscheinen.

In der Wirklichkeit (Erscheinungswelt) beziehen sich Form und Inhalt unvermeidlich aufeinander, bildet doch die Form die *Grenze* des Materiellen.

Alle Sprachen, Wissenschaften, Techniken bedürfen für ihren Aufbau und ihre Anwendung *identische Begriffe*, Urteile, Zeichen und Methoden, ohne die weder eine Verständigung noch eine Widersprüche verhindernde Eindeutigkeit bestünden. Urteile über die *Dieselbigkeit oder Identität* gelten nur, solange die *Dieselbigkeit oder Identität* besteht oder bestanden hat oder soweit sie auf einen Gegenstand "an sich", unbeschadet seiner Existenz oder Zeitlichkeit bezogen werden kann.

Logik

Die theoretische Logik bedient sich wie die Mathematik einer grossen Zahl von *Zeichen*, die identisch sein müssen, sollen Widersprüche vermieden werden. (Semantik)

Man hat logische Systeme aufgestellt, die auf Axiomen beruhen, wobei jedes System für die gleichen Operationen andere Zeichen verwendet, was das Studium etwas erschwert, doch sind diese Zeichen innerhalt des Systems stets identisch.

Ein *Axiomensystem* muss unabhängig, vollständig und widerspruchsfrei sein, da sonst die daraus gezogenen Folgerungen unsicher und mehrdeutig und damit unbrauchbar würden.

Der Begriff der Identität wird in jedem Axiomensystem verwendet, er kommt sehr häufig vor, wie auch die Operationen an sich identisch sind.

So ist das *Äquivalenzprinzip* ein Ausdruck der Gleichheit mehrerer Aussagen oder Prädikate; es entspricht der Gleichheit algebraischer Zahlen oder Mengen welche durch das Gleichheitszeichen miteinander verbunden sind.

Es gibt Systeme identischer, allgemeingültiger Formeln der logischen Kalküle. Unter identischen Formeln des Kalküls werden Formeln verstanden, die bei beliebiger Wahl des Individuenbereiches richtige Aussagen darstellen. Man kann auch von allgemeingültigen Formeln sprechen, wobei die Allgemeingültigkeit sich nur auf die Individuenbereiche bezieht. (Hilbert und Ackermann aaO. S. 109) Es lassen sich auch Fragen der Widerspruchsfreiheit des Axiomensystems und der Identität in Zusammenhang bringen.

Dem Grundsatz der Identität kommt für jedes System der Logistik eine sehr grosse Bedeutung zu. (Bochenski und Menne, Grundriss der Logistik S. 78)

Der Aussagenkalkül befasst sich mit Aussagen, die sinnvoll als richtig oder falsch bezeichnet werden können. (Sinnvoll ist ein zu unbestimmter Ausdruck, der eigentlich in eine mathematische Logik nicht passt.) Die Aussagen werden als Ganzes in ihren logischen Verknüpfungen mit andern Verknüpfungen gebraucht. Der Aussagenkalkül bildet einen unentbehrlichen Bestandteil der Logik.

Unabhängigkeit und Vollständigkeit des Aussagenkalküls können bewiesen werden. Ferner wird das *Entscheidungsproblem* bei diesem Kalkül vollständig gelöst; ebenso ist das Problem d.h. der Entscheid über die Ausdrücke richtig oder falsch grundsätzlich lösbar. Die Aufgabe aus Axiomen alle Folgerungen abzuleiten, ist möglich, wenn die Aussage ein ungetrenntes Ganzes betrifft.

Eine Sonderstellung nimmt F. Gentzen ein mit seinem Kalkül des natürlichen Schliessens. Er beabsichtigt das formale Ableiten von Formeln mehr als bisher dem inhaltlichen Beweisverfahren, wie es in der Mathematik üblich ist anzugleichen. Der Kalkül enthält keine logischen Axiome sondern nur Schlussfiguren.

Der einstellige Prädikatenkalkül: Die bisherige Form des logischen Kalküls reicht aus für die präzise Darstellung derjenigen logischen Zusammenhänge, bei denen die Aussage als ungetrenntes Ganzes auftritt.
Der Aussagenkalkül ist ungenügend für die Erfassung von Subjekten und deren Eigenschaften. Vergl. den Schluss: alle Menschen sind sterblich − Gayus ist ein Mensch − also ist Gayus sterblich.
Das Prädikat kennzeichnet ein Subjekt (ist sterblich − ist unteilbar − jede Wirkung hat eine Ursache). Prädikate sind an sich weder richtig noch falsch. Ein Prädikat soll auf alle Gegenstände zutreffen. Sämtliche Formeln erhalten den Sinn von allgemeinen Urteilen. Das System der immerwahren Formeln ist dasselbe wie beim Aussagenkalkül. Zwei äquivalente treffen oder treffen nicht auf alle Gegenstände zu. Es kommt dabei nicht auf den Inhalt oder die sprachliche Form an sondern auf ihren Umfang, also den Bereich der Gegenstände, für die sie zutreffen. Man kann einem Prädikat eine bestimmte Klasse von Gegenständen zuordnen. Eine Klasse ohne Gegenstand ist als Nullklasse zu bezeichnen; umfasst sie alle Gegenstände gilt sie als Allklasse. Die logischen Beziehungen des Klassenkalküls sind die gleichen wie beim Prädikatenkalkül.

Da die Schlüsse der traditionellen Logik nicht in ihrer Gesamtheit formalisiert werden können, fehlt doch eine Darstellung der partikularen Urteile, hat man Aussagen- und Prädikatkalküle miteinander verbunden und einen *kombinierten Kalkül* geschaffen. Die Zeichen für die Konjunktion, Negation, Disjunktion, Implikation dienen so als Verknüpfung wie von Prädikaten. Dabei wurde erwogen, dass die Beziehungen des Prädikatenkalküls Aussagen darstellen, für die der Aussagenkalkül massgabend ist. Als wichtigstes Problem des kombinierten Kalküls gilt die Aufgabe ein formales Kriterium dafür zu finden, welche Formeln immer d.h. bei beliebiger Bedeutung der vorkommenden Prädikate oder Klassenzeichen richtige Aussagen darstellen. Über den Bereich der Gegenstände auf den sich die Klassen beziehen, werden keine Voraussetzungen gemacht; er muss indessen ein Element enthalten.

Der engere Prädikatenkalkül: Der kombinierte Kalkül ermöglicht eine systematischere Behandlung der logischen Fragen als die traditionelle inhaltliche Logik. Indessen haben sich in Bezug auf die Möglichkeit der logischen Folgerungen beide Systeme wesentlich gleich verhalten. Der Formalismus des Aristoteles versagt, wo eine Beziehung zwischen mehreren Gegenständen symbolisch ausgedrückt werden soll. Beim Prädikatenkalkül ist die Spaltung zwischen Subjekt und Prädikat notwendig. Man hat bei der Darstellung die Gegenstände (Individuen) von den über sie ausgesagten Eigenschaften (Prädikate) zu trennen und ausdrücklich zu bezeichnen. Man verwendet zur symbolischen Darstellung der Prädikate Funktionszeichen und Leerstellen. In die Leerstellen sind die Bezeichnungen der Gegenstände einzusetzen.

Zum symbolischen Ausdruck der Allgemeinheit von Aussagen führt man zusätzlich noch Variable ein (xyz) womit man die Leerstelle ausfüllen kann.

Als Axiomensystem des Prädikatenkalküls sind die Axiome des Aussagenkalküls anwendbar; dazu kommen die Axiome für die Allheit und der Seinszeichen. Mit Hilfe der logischen Grundformen und Ableitungsregeln lässt sich das Gesamtsymsten der identischen Formen des Prädikatensystems aufbauen. Die Aufstellung der Axiome- und Ableitungsregeln geschieht übereinstimmend mit der inhaltlichen Interpretation der Formeln. Die Ableitung der aus Axiomen stammenden Formeln ist rein formal.

Das Entscheidungsproblem betrifft die Allgemeingültigkeit einer Formel für jeden Individuenbereich. Ferner ist eine Formel erfüllbar, wenn ein Individuenbereich besteht, der erfüllbar ist. Allgemeingültigkeit und Erfüllbarkeit sind äquivalente Probleme. Sie bilden das *Entscheidungsproblem* des engeren Prädikatenkalküls. Die allgemeine Lösung des Entscheidungsproblems ist unmöglich, wie Gödel dargestan hat.

Widerspruchsfreiheit und Unabhängigkeit: Die Methode der arithmetischen Interpretation ermöglicht es das Gesamtsystem der Axiome des Prädikatenkalküls als widerspruchsfrei zu erkennen. Hiebei muss die Interpretation auf die bisher nicht gedeuteten Zeichen ausgedehnt werden. Der Beweis ist somit erbracht für den Prädikatenkalkül. Der Widerspruchslosigkeitsbeweis beruht inhaltlich auf der Annahme, der zugrunde gelegte Individuenbereich bestehe aus einem Element, sei also endlich, lässt sich ganz im Sinne der mengentheoretischen Auffassungen behandeln.

Der erweiterte Prädikatenkalkül: Die Erweiterung des engeren Prädikatenkalküls wird dadurch veranlasst, dass der Formalismus in sich nicht abgeschlossen ist. Daraus folgt, dass man Allzeichen und Seinszeichen auch in Verbindung mit Aussagen und Prädikatenvariabeln anwendet und zwischen freien und gebundenen Variabeln unter scheidet. Zum Unterschied zwischen freien und gebundenen Variabeln ist beim erweiterten Prädikatenkalkül kein vollständiges Axiomensystem für die identischen Formeln gegeben. Nach Gödel lassen sich für jedes System Grundformeln und Ableitungsregeln angeben die nicht abgeleitet werden können. Die Grundlagen der Formeln sind identisch mit denen des engeren Prädikatenkalküls (Aussagenvariable, Gegenstandvariable und Prädikatenvariable). Das gleiche gilt für die Bildung von Formeln, nur sind auch

Allzeichen und Seinszeichen zu berücksichtigen. Das Entscheidungsproblem des Prädikatenkalküls zweiter Stufe betrifft die Frage ob bei einer vorgelegten Formel entschieden werden kann, ob es eine identische Formel ist oder nicht. Das Entscheidungsproblem der zweiten Stufe umfasst das der ersten Stufe und ist unlösbar. (Der Entscheid für den Formenbereich der einstelligen Prädikate ist erbracht von Löwenheim, Behmann und Skolem.)

Der erweiterte Prädikatenkalkül lässt ebensogut eine mengentheoretische wie eine logische Interpretation zu.

Zum Axiomensystem des erweiterten Prädikatenkalküls ist zu bemerken, dass er nicht alle identischen Formen liefert, dass kein System bestehen kann, das die Vollständigkeit der allgemeingültigen Formeln besitzt. Zwischen Mengenlehre und mathematischer Logik besteht ein enger Zusammenhang.

Nach Stegmüller (Hauptströmungen der Gegenwartsphilosophie, 3. Auflage S. 434) fasst ein genügend grosses System der Klassentheorie die ganze Mathematik. Dies beruhe darauf, dass alle mathematischen Begriffe auf den Begriff der Klasse (Menge) sowie auf die in der Aussage und Quantorenlogik vorkommenden Begriffe zurückgeführt werden können.

Exkurs

Bis in die Neuzeit hat der Aristotelische Syllogismus die Logik bestimmt. Die Methode war bei allen Syllogismen identisch. Im Mittelalter hat Raimundus Lullus einen Drehapparat erfunden, mit dem man logische Probleme "lösen" konnte. In der Scholastik wurde über die Realität des Universellen mit dem Individualismus gestritten. Leibniz hat sodann die Logik zu formalisieren versucht. Mit dem Fortschreiten der Mathematik (Mengenlehre) kam man zu paradoxen Lösungen. Die traditionelle Logik genügte nicht mehr zur zweckmässigen Beurteilung der Paradoxien. (Schon im Alterum hat man sich mit Paradoxien befasst, wie des Lügners der stets log und mit dieser Behauptung die Wahrheit sagte.) Zur Vermeidung von Widersprüchen und der Erhaltung des universellen Charakters mathematischer Probleme haben dann verschiedene Mathematiker logische Systeme erfunden, die auf Axiomen beruhen, wobei diese Axiome widerspruchsfrei, vollständig und unabhängig sein sollten. In der Folge hat die Forschung einen grossen Umfang angenommen; es haben sich dabei verschiedene Richtungen ausgebildet. Identisch ist die Zwecksetzung, die Widerspruchsfreiheit der Mathematik zu beweisen. Die Hauptrichtungen sind der Logizismus, Intuitonalismus, Konstruktivismus. In allen Systemen ist jeweilen die Identität der angewendeten Zeichen und Methoden gegeben. Eine grosse Bedeutung der Identität kommt dieser in der rein formalen Logik des Logizismus zu. Demnach sollen hier im Rahmen des Möglichen die Grundlagen dieses Systems dargestellt werden. Auf die Darstellung des wissenschaftlichen Apparates muss hier verzichtet werden, da dieser sehr aufwendig ist und den Grundzügen der theoretischen Logik mit der grössten Wahrscheinlichkeit entspricht. Im vorliegenden Fall stützt sich die Betrachtung hauptsächlich und auszugsweise auf das Werk von Hilbert und Ackermann ab. (Grundzüge der theoretischen Logik, Springerverlag).

Die mathematische Logik bedient sich einer Formensprache und macht die logischen Probleme zu einem Kalkül unter Anwendung mathematischer Methoden. Man unterscheidet hier zwischen logischen *Grundformeln* gleich Axiomen und *Grundregeln* zur Ableitung richtiger Formeln.

Als Axiomensystem sei angeführt:

$$x \vee x \to x \quad x \to x \vee y \quad x \vee y \to y \vee x$$
$$(x \to y) \to (z \vee x \to z \vee y)$$

Die Zeichen bedeuten: v = oder auch → impliziert. (Neben den die Mathematik betreffenden Systemen sind eine Reihe von Logiken entstanden, z.B. eine deontische Logik, eine Quantenlogik u.s.w.)
Man unterscheidet den Aussagenkalkül von Prädikatenkalkülen erster und zweiter Stufe. Einen Stufenkalkül hat man anscheinend aufgegeben. Ein Axiom soll widerspruchslos sein, und unabhängig. Dies leuchtet ein, da ein widerspruchsvolles Axiom unbrauchbar ist, ein unverständiges oft versagt, ein abhängiges nur benützbar ist, wenn man die unabhängigen, dazugehörenden Faktoren kennt. Die logischen Sachverhältnisse zwischen Urteilen und Begriffen finden ihre Darstellung durch Formeln, deren Interpretation von Unklarheiten frei ist. Das logische Denken findet sein Abbild in einem Logikkalkül.

Schlussbetrachtung

1. *Der Aussagekalkül* versagt bei der Erfassung der Beziehungen eines Subjekts und seiner Eigenschaften. So z.B. bei der Formalisierung der Eigenschaften sterblich, teilbar, jede Wirkung hat eine Ursache. (Die letztere Behauptung ist ergänzungsbedürftig, da sehr oft nicht eine sondern viele Ursachen für den Eintritt einer Wirkung massgebend sind. So wird häufig bei Medikamenten eine Wirkung durch eine Reihe von Faktoren erzielt.)

2. *Die Syllogistik des Aristoteles* ist in der Möglichkeit der logischen Folgerungen im wesentlichen gleich wie der kombinierte Kalkül. Die komplizierten Schlüsse die im kombinierten Kalkül möglich sind, lassen sich durch mehrfache Anwendung der Aristotelischen Schlussfiguren gewinnen.

3. *Beim Entscheidungsproblem* ist nach Gödel bei der Prädikatenlogik eine allgemeine Lösung unmöglich.
4. *Der Formalismus* kann beim Prädikatenkalkül nicht alle Schlüsse der Aristotelischen Logik formalisieren.
5. Ein vollständiges Axiomensystem für die identischen Formeln des Prädikatenkalküls der zweiten Stufe existiert nicht.
6. Der Prädikatenkalkül der zweiten Stufe liefert nicht alle Axiomensysteme der identischen Formeln.
7. Es kann kein System existieren, das die Vollständigkeit der identischen Formeln besitzt.

Die vorstehende Aufstellung zeigt, dass die mathematische Logik Grenzen hat und etliche unlösliche oder nur teilweise lösbare Probleme aufweist. Nach ihrer Zielsetzung werden auch eine Reihe von Problemen z.B. das Kausalitätsproblem nicht angegangen. Die traditionelle Logik ist nicht völlig überholt; praktisch beherrscht sie noch die Geisteswissenschaften und den Alltag.

Mathematik

In den zahlreichen Gebieten der Mathematik sind die Kennzeichen, Annahmen, Methoden, Operationen jeweilen identisch von gewöhnlichen Rechnen, zur Zahlentheorie, Infinitesimalrechnung, Kombinatorik, Topologie und vielen anderen Systemen bis zur alles umfassenden Mengenlehre.

Die Sätze und Urteile der Mathematik sind demnach *allgemeingültig*. Meistens drückt das Äquivalenzprinzip die Identität aus.

Die Identität bedingt notwendig die Allgemeingültigkeit.

Die Winkelsumme eines Dreiecks oder Vierecks wird nicht durch die Identität dieser Gestaltungen bedingt sondern durch diese selbst.

Die *Geometrie* weist zahlreiche identische Gebilde auf, Linien, Gerade, Flächen, Ebenen, Punkte, Parallellen, Dreiecke, Vielecke, sphärische Gebilde, Elipsen, Hyperbeln, Kreise, Kugeln, Kuben, Kegel usf.

Alle diese Gestaltungen werden strikte definiert, sind daher an sich identische Konstruktionen in einem Raume, der von Punkt zu Punkt gleiche, unendliche kleine Abstände aufweist, als euklidischer Raum unendlich ist, wobei sich Parallellen im Unendlichen schneiden sollen.

Oft wird das Parallellenaxiom abgelehnt. Daneben konstruiert man sphärische und gekrümmte Räume. Man verwendet den Raumbegriff nicht mehr für den Anschauungsraum allein, sondern für *begriffliche Konstruktionen* wie den n-dimensionalen Zahlenraum, die Räume der Riemannschen Geometrie, die unendlichdimensionalen Hilberträume, Phasenräume der Physik und andere mehr.

Obschon es im euklidischen Raum mehrere Arten von Dreiecken gibt in allen Grössenlagen, ist die Winkelsumme stets 180° und die Berechnung des Inhalts identisch, also allgemeingültig.

Die Berechnung des Inhaltes eines n-eckes erfolgt jeweilen nach denselben Methoden.

Ebenso ist der Kreis, unbeschadet seiner Grösse eine identische Konstruktion, deren Umfang stets $2\pi r$ und deren Inhalt πr^2 beträgt.

Die Allgemeingültigkeit dieser Masse und Grössen beruht auf der Identität der Konstruktion des Raumes und seiner Gestalten. Vergleicht man den euklidischen Raum mit dem *Sehraum*, so ergibt sich ein wesentlicher Unterschied, da der Sehraum *perspektivisch* ist, die gleichen entfernten Gegenstände kleiner erscheinen als die nahen, Quadrate als Trapeze erscheinen bis sie im Fluchtpunkt ihre Gestalt verlieren.

Der Sehraum unterscheidet sich auch sphärisch vom euklidischen Raum, indem er vom Horizont zum Zenit eine *Calotte* bildet. Vielfältig sind auch die Sehräume der Tierwelt.

Die gleichen Objekte erscheinen im Sehraum in verschiedenen Gestalten, im euklidischen Raum sind sie gleich.

Der euklidische Raum ist eine Ableitung des Sehraumes, da dieser oder die in ihm erscheinenden Objekte mit der Bewegung des Menschen und seines Sehspparates sich wandeln und je näher sie dem Auge kommen, desto mehr den Gegenständen des euklidischen Raumes gleichwerden.

Der Raum als Tätigkeitsfeld von Subjekten entspricht dem Sehraum, da die Möglichkeiten der Einwirkung auf entfernte Gegenstände geringer werden, je weiter diese entfernt sind. (Bergson) Die Frage, ob die räumlichen Gestaltungen sich auf *Ideen* beziehen, denen eine ideelle Existenz zukommt oder ob sie *Konstruktionen* sind die nur existieren, wenn und soweit sie auf Grund exakter Definitionen und logischer Ableitungen gedacht werden, hat für die Identität und Allgemeingültigkeit keine entscheidende Bedeutung, da sie nicht richtiger sind, wenn man ihnen eine ewige Existenz zubilligt als wenn sie nur aktmässig bestehen oder auf Grund von Abbildungen vorgestellt werden.

Für die Ableitung der Allgemeingültigkeit genügt die Identität der Konstruktionen; diese wiederum sind Vorstellungen, Denkakte, Urteile die ein Subjekt erzeugt oder in ihm erzeugt werden.

Ein gezeichnetes oder gedrucktes, der Definition entsprechendes Dreieck ist auf ein abstraktes, ideelles Dreieck bezogen, das keinerlei Mängel in der Linienführung besitzt.

Die Identität und Vollkommenheit eines abstrakten Dreiecks wird angenommen oder vorausgesetzt bei allen Berechnungen und Operationen die man mit Hilfe dieses Dreiecks vornimmt.

Es ist ein Dreieck an sich, ideell und vorgestellt.

Der *Tastraum*, der Raum der Akustik und der des Geruches sind verglichen mit dem Sehraum ausserordentlich begrenzt und viel unbestimmter.

Macht schon das dreidimensionale Sehen bei der Bemessung von Strecken (ohne Geräte) Schwierigkeiten, wird die Bestimmung der Abstände bei Tast-, Hör- und Geruchsraum so erschwert, dass Ursprung, Richtung und Zusammenhang mit den Gegenständen des Sehraumes häufig nur sehr ungenau festgestellt werden können. Euklidischer und der perspektivische Sehraum unterscheiden sich auf kurze Distanz sehr wenig, bei grösseren Entfernungen dagegen sehr erheblich.

Das Problem wird noch erschwert durch den *gekrümmten Raum*, der sich bei astronomischen Distanzen als eine notwendige Annahme erweist.

Der gekrümmte Raum gibt Anlass zur Frage, ob die Krümmung identisch zu bemessen ist oder einer andern Gesetzmässigkeit unterliegt. Sie wirkt sich erst bei sehr grossen Distanzen aus.

Wird der Raum gemessen, ist auch der perspektivische Sehraum euklidisch.

Für die einzelnen Konstruktionen bestehen besondere Gesetzmässigkeiten, aus denen sich die *Notwendigkeit* bestimmter Raum- und Grössenverhältnisse ergibt.

Jedes normale Dreieck besitzt eine Winkelsumme von $180°$ sei es gleichwinklig, spitz- oder rechtwinklig, da jede Änderung einer Winkelgrösse eine entsprechende Änderung der übrigen Winkelgrössen bedingt.

Anderseits sind für viele Probleme mehrere verschiedene Lösungen und Beweise möglich, wofür der pythagoreische Lehrsatz als Paradebeispiel dienen mag.

Die jeweiligen Abstände einer Zahlenreihe oder der Punkte eines Raumes sind eine *Konstruktion*, könnte doch bei natürlichen Zahlen die Differenz zur Vorgänger- oder Nachfolgerzahl vergrössert oder verkleinert werden, wie dies bei den Massstäben geschieht, wo man nicht das Meter als Grundlage benützt, sondern mit Yards misst.

Hat ein Meter 100 cm als Teilmenge, so ein Yard drei feet zu 30,48 cm, 91,44 cm, 1 feet = 12 inches = 2,54 cm, 1 inch = 12 lines, was wohl weniger praktisch ist.

Bis in die Neuzeit haben die Völker verschiedene Massstäbe und Masse venützt, die erheblich voneinander abgewichen sind. Auch heute noch bestehen nicht unwesentliche Unterschiede. Man kann somit die Masse und die Massstäbe an sich willkürlich bestimmen, muss sie jedoch nach identischen Prinzipien festlegen.

Zahlenreihen und *Zahlenkörper* ebenso wie geometrische Gebilde werden in der Natur nicht, auch nicht in annähernd reiner Form vorgefunden, sind daher sich auf ideelle Gegenstände beziehende Konstruktionen.

Soweit sie identisch sind, sind auch die über sie gefällten Urteile allgemeingültig.

Empirisch lässt sich die Differenz der Abstände des euklidischen Raumes oder der Glieder von Zahlenreihen nicht bis ins Unendliche feststellen. Man macht vielmehr Annahme die für alle Raumteile und Abstände in den Zahlenreihen bis zu den letzten Elementen gelten sollen.

Es sind ideelle Gebilde die man mit Hilfe von materiellen Massstäbe und Messmethoden immer wieder identisch konstruieren kann. Die Gegenstände auf die sich mathematische Sätze beziehen, können begrifflich, nicht aber vorstellungsmässig bis ins Unendliche vergrössert oder verkleinert werden, entsprechend der Vergrösserung oder Verkleinerung der Sicht unserer Erscheinungwelt.

Mathematische Räume sind grundsätzlich *leere Räume*; sie bilden das Gerüst für das physikalische Geschehen.

Ein leerer Raum übt keine Wirkung aus, da er keine Energie enthält. Er ist *ontologisch* nichts. (Plato)

Die Geometrie ist heute in die Lehre von den *realen Zahlen* eingeordnet.

Die geometrischen Theorien sind nur durch ihre Motivation und ihre Terminologie von den andern algebraischen Lehren verschieden. Dies vereinheitlicht die Probleme und erweitert die Beweisführung. Geometrische Gebilde sind demnach auch identisch mit Ordnungen von Zahlen, die ihrerseits stets dieselben sind.

Die Sätze der Geometrie stimmen somit überein mit Sätzen über Zahlen in allgemeingültiger Weise; es handelt sich hier um ideelle Gestaltungen, da keine physischen Reize bedeutsam sind.

Alle Versuche, die Gültigkeit der Mathematik als Wissenschaft zu begründen Logizismus, Intuitionismus, Konstruktivismus, Empirismus, sind im Grunde Konstruktionen, die Mengen, Zahlen, Strukturen, Abbildungen, Berechnungen zum Gegenstand haben. Alle Richtungen der Grundlagenforschung unterliegen dem Prinzip der Identität, sowohl die Definitionen, Grundsätze, Normen sowie deren Anwendung auf ideelle oder materielle Gegenstände und Vorgänge.

Der Logizismus hat sein Ziel, die Mathematik aus logischen Kalkülen abzuleiten nur zu einem erheblichen Teil erreicht. Der Intuitionismus lehnt die axiomatische Methode ab, versucht die Zahlenfolge als Grundlage für die gesamte Mathematik zu verwenden, und beschränkt den Grundsatz "tertium non datur" auf das Endliche. Der Konstruktivismus ist eine vom Intuitismus ausgehende Theorie, die verschiedene Positionen dieser Grundlegung ablehnt und auch logische Kalküle benützt.

Der Empirismus widerspricht dem ideellen Wesen der Mathematik, da die Erfahrung keine sichere und beständige Grundlage bilden kann; es ist z.B. unmöglich eine unendliche Zahlenreihe vollständig auszuzählen. Im Grunde genommen ist jede umfassende Theorie eine Konstruktion, da die Mathematik nicht ein Abbild der Natur darstellt, sondern mit ideellen Mitteln arbeitet. Ob es möglich ist ein System zu erfinden und zu entwickeln, das vollständig ist und keinerlei Widersprüche enthält, ist wohl eine grosse Frage.

Physik

Die Physik dient im Wesentlichen zur Berechnung empirischer Gegenstände, Vorgängergesetze und Gestaltungen. Die physikalischen *Messinstrumente*, z.b. Normalmeter, Normalgewichte, Instrumente für die Messung von Wärme, Strahlen und der Zeit müssen identisch sein, soweit dies immer möglich ist oder in Übereinstimmung gebracht werden können. Schon geringe Differenzen könnten physikalische Versuche verfälschen. Auch die Lichtstrahlen dienen als Mass. (300 000 km in der Sekunde) Diese Masse sind abgesehen von den Lichtstrahlen klein gegenüber den Einrichtungen, welche die Atomphysik für ihre Versuche braucht; Raumsonden zur Erforschung von Gestirnen weisen wohl nur zum Teil identische Konstruktionen auf. Von grösster Bedeutung sind Computer. Sie beruhen jeweilen auf den gleichen Grundlagen.

Der physikalische Raum ist zwar weitgehend leer aber grundsätzlich ein *"erfüllter Raum"*, bewohnt von bewegten Galaxien und Sternen der verschiedensten Art, Quasaren, Supernovas, Elektronensternen, Rhöntgensternen, Doppelsternen, Planeten, Kometen und kosmischem Staub. Man nimmt heute an, der Weltraum sei ein elliptoides Gebilde, mit Buckeln versehen, endlich aber unbegrenzt. Ein unbegrenztes Gebilde z.B. eine Kugel lässt ihren Inhalt oder Teile z.B. Gase entweichen (anders als ein geschlossenes Raumgebilde) oder nimmt von aussen Materie = Energie auf.

So sind vor einigen Jahren im Sternbild der Jungfrau neue Galaxien aufgetaucht. Ein unbegrenzter Weltraum ist somit eher ein *offenes* Raumgebilde. Er dehnt sich aus oder zieht sich zusammen. Man nimmt ferner an, der physikalische Raum sei bei kosmischen Entfernungen gekrümmt mit einer Krümmungsachse, einem Krümmungskreis, einer Krümmungslinie und einem Krümmungsradius. Diese sind nicht identisch, sondern variabel, je nach dem Sektor des Raumes und der Verteilung der Energie. Ein endlicher, unbegrenzter Raum ist nach dem normalen Denken vom "*Nichts*" umgeben, man kann einen Bereich annehmen, wo überall der Bestand eines materiellen Objektes verneint werden muss. Die heutige Naturwissenschaft nimmt demgegenüber an, auch das reine Nichts könne virtuell übergehen in eine Anzahl von Paaren aus Elektronen/Positronen oder Protonen/Antiprotonen.

Das reine Nichts wird demnach durch die Entdeckung der Antimaterie plötzlich zu einem zusammengesetzten System oder besser zu einem dynamischen System. (Heisenberg)

Quantentheorie

Alle im Universum bestehenden Kräfte können auf vier Kategorien von Kräften zwischen Elementarteilchen zurückgeführt werden. (Die Forschung sucht nach *einer* Kraft als Fernziel) Diese Kräfte betreffen die Gravitation, elektromagnetische Kraft, eine starke und eine schwache Wechselwirkung. Die Annahme, die ganze Natur sei auf Elementarteilchen aufgebaut, ist an und für sich logisch wird aber heute von der Wissenschaft abgelehnt. Wie schon früher dargetan werden die Elementareilchen charakterisiert durch ihre elektrische Ladung, ihre Ruhmasse, ihren Spin, die Dauer, den Isospin, die Parität. Alle Elementarteilchen besitzen Antiteilchen.

Echte Elementarteile wie Elektronen, das masselose Neutrino, die keine fremden Teilchen enthalten, sind zu unterscheiden von den Elementarteilchen die aus Quarks zusammen gesetzt sind wie Protonen, Nukleonen, Mesonen, Neutronen.

Leptonen und Quarks: Von den Leptonen sind sechs bekannt. Für drei bildet das Elektron den Prototyp. Dieser besitzt eine sehr geringe Masse. Seine elektrische Ladung ist elementar mit negativen Vorzeichen. Die beiden andern dem Elektron ähnlichen Leptone sind das Myon sowie das Teilchen Tau. Das Myon besitzt eine zweihundertfache und das Tau eine 3.500 fache Elektronenmasse. Die restlichen Leptone sind 3 Arten von Neutrinos. Hiezu kommen die Antiteilchen. Bei einem elektrisch geladenen Teilchen besitzen sie die Ladung 1.

Als Gegenstück der Leptonen sind die *Quarks* zu erwähnen. Von 6 Quarkstypen hat man 5 erwahrt. Die Masse der Quarks ist klein. Kein einzelner Quark wurde je beobachtet. Quarks mit einem ganzzahligen Spin nennt man *Bosonen*, solche mit einem halbzahligen Spin *Fermionen*.

Hadronen unterscheidet man nach dem Spin. Sie umfassen etwa hundert Arten von Teilchen. (Stegmüller, Hauptströmungen der Gegenwartphilosophie, Bd. III 1986).

Die Quantenphysik ist ausserordentlich schwierig, können doch zahlreiche Quanten nicht durch Erfahrungen abgeklärt werden, bleiben somit mehr oder weniger wahrscheinliche Annahmen.

Die Region in der das "reine Nichts" zum dynamischen Problem wird, dürfte wohl sehr beschränkt sein, da sonst die Endlichkeit des Kosmos fraglich würde.

In einem gekrümmten Raum bewegen sich alle Gestirne und Strahlen nicht in normalen Bahnen der klassischen Physik, sondern in davon abweichenden, nicht dem euklidischen Raum entsprechenden.

Die Ausdehnung des von Hubble aus der Rotverschiebung des Raumspektrums abgeleiteten *Flucht der Galaxien* vergrössert sich ständig. (Diese Theorie hat zur Zeit unter allen andern die meisten Anhänger). Der Raum selber ist "potentiell" gekrümmt; die ihn durchquerenden Strahlen und Körper werden durch die Gravitation grosser Massen abgelenkt. So nach der allgemeinen Relativitätstheorie Einsteins. (Man könnte wohl auch annehmen, nicht der Raum sei gekrümmt, sondern die durch Gravitationsfelder abgelenkte Strahlen und Körperbahnen). Im Gegensatz zum Makrokosmos, wo die Gravitation die stärkste Kraft darstellt, ist im Mikrokosmos die Gravitation unwirksam; sie ist viel schwächer als die von elektrischen Ladungen oder magnetischen Polstärken ausgehenden Kräfte. Wenn die Krümmung des Raumes durch Gravitationsmassen bedingt ist, kann nicht mit einem identischen Grad der jeweiligen Krümmung gerechnet werden.

Naturgesetze wie die Gravitation, Zentrifugal und Zentripedalkraft sind identische Regeln bestimmter Vorgänge, Zusammenhänge von Grössen- und Bewegungsverhältnissen. Sie sind allgemeingültig, wenn die gleiche Konstellation gegeben ist. Meistens liegt kein Musterfall vor, da mehrere Gesetzlichkeiten zusammenspielen. Im luftleeren Raum fällt bekanntlich eine Daunenfeder ebenso rasch zur Erde wie ein Stück Blei. Unter normalen Umständen wird sie vom Winde fortgetragen. Bei Körperbewegungen auf der Erde finden Reibungen statt, die in die Rechnung einbezogen werden müssen. Wärme dehnt metallische Körper aus, treibt Gase in die Höhe in gesetzmässig gleicher Weise.

Die statistische Physik befasst sich mit einer sehr grossen Zahl gleichartiger nicht voneinander unterscheidbarer Teilchen. Die Verteilung der gleichartigen Moleküle kann hier nur nach Wahrscheinlichkeitsvorstellungen erfolgen. Die Gleichartigkeit zahlreicher physikalischer Objekte kann nur eine Annahme sein. Ob Naturgesetze zu allen Zeiten dieselben waren und sein werden ist fraglich, da man sie nur aus Erfahrungen ableiten kann, die nicht dieselben sein müssen, sondern sich vielleicht gesetzmässig ändern.

Von den zahlreichen Elementarteilchen sind Photonen, Neutrinos, Elektronen, Protonen *stabil*. Indessen wandeln sich im Atomkern Protonen und Neutronen dauernd durch den Austausch von y – Mesomen, wo ein Atomkern durch eine Kernreaktion unstabil geworden ist. Die allermeisten Arten von Elementarteilchen z.B. Leptonen, Mesonen, Hadronen, Hyperonen, Nukleonen *wandeln* sich leicht ineinander um. Ihre Lebensdauer ist sehr kurz. Das gilt auch für die Quarks; diese bilden ein besonderes Forschungsgebiet. Die Erforschung der Elementarteilchen ist in vollem Gange und ein Ende nicht abzusehen. Man versucht die äusserst komplizierten Vorgänge zu vereinheitlichen und zu klären. Vieles bleibt der Wahrnehmung entzogen. Neutronen besitzen eine Lebensdauer von 17 Minuten; bei den andern *nicht stabilen* Elementarteilchen beträgt die Lebensdauer zwischen 15 Minuten und $10^{=16}$ Sekunden. Zu jeder Art von Elementarteilchen gibt es immer auch *die Antimaterie*, die sich durch die elektrische Ladung von der Materie unterscheidet; die Elementarteilchen bilden ein Spektrum. Nach Heisenberg muss es im Kosmos genau so viel Materie wie *Antimaterie* geben.

Die Eigenschaften eines Elementarteilchens die man direkt messen kann, sind die Ladung, die Masse, der *Spin*, bei unstabilen Teilchen auch die Lebensdauer und Zerfallsprodukte.

Spin ist der Eigendrehungsimpuls eines Teilchens, der für eine bestimmte Teilchenart charakteristisch ist. Unter Spin kann man einen Kreisel verstehen, der sich mit einer festen Drehgeschwindigkeit dreht. Die Teilchen erhalten durch den Spin ein *magnetisches Moment*. Die Grössen für die Antiteilchen kehren sich um und statt der Zerfallsprodukte treten deren Antiteilchen auf, während die anderen Grössen gleich bleiben.

Die Sätze über die Erhaltung von *Masse und Energie* sind für die Physik grundlegend. Die Äquivalenz von Masse und Energie bewirkt, dass jede verursachte Änderung der Energie eines Körpers dessen Masse (entsprechend) ändert = Komplimentarität von Masse und Energie. Diese sind an sich voneinander verschieden. Nach der Formel Einsteins E=m.c² bilden Energie und Masse einen Komplex im Sinne der Identität. Sie sind nach einem strikten Gesetz ineinander verwandelbar. Energie ist eine Form von Masse, diese eine Form von Energie / Raum und Zeit bilden ein Kontinuum.

Identität und Unbestimmtheitsrelationen

Die *Quantenphysik* beruht auf einer *statistischen* Grundlage. Sie befasst sich mit einer riesigen Zahl kleinster Teilchen, die die Qualität von Korpuskeln oder Wellen besitzen, von Materiewellen oder Strahlenkörperchen. Es besteht dabei eine *Wahrscheinlichkeit* keine Sicherheit dafür, dass sich ein Elementarteilchen und Impulse an einem bestimmten Ort befinden. Die Quantentheorie umfasst Quanten- und Wellenmechanik, wo die Geschwindigkeiten kleiner als die Lichtgeschwindigkeit sind und die Zahl der Elementarteilchen als Funktion der Zeit nicht ändert. (Gernot Eder, Physik S. 289, Fischer Bücherei)

Ort und Impuls eines Elementarteilchens können nicht gleichzeitig exakt bestimmt werden. Wird der Impuls $p = 2\pi \hbar/1$ genau definiert, so ist sein Ort völlig unbestimmt. Wird der Ort eines Einzelteilchens genau definiert desto unbestimmter wird der Impuls des Teilchens.

Heissenberg hat für diesen Sachverhalt die Formel $Dx\ p = \hbar/2$ aufgestellt. Je kleiner Dx desto grösser wird Dp und umgekehrt. Eine *exakte* Beziehung gilt nur für die *Mittelwerte* $\overline{V}$ und $\overline{pe}$ der Geschwindigkeit und des Impulses; für Einzelteilchen lassen sich nur Wahrscheinlichkeitsannahmen machen, welche die Bewegung eines Elementarteilchens zwischen zwei Punkten angehen.

Die verschiedenen Elementarteilchen, Protonen, Elektronen usw. sind als solche identisch, die Bestimmung von

Impuls und Ort kann nicht exakt gleichzeitig erfolgen. Aus diesem Sachverhalt zu schliessen, das System sei *indeterministisch* ist sehr problematisch, kann man doch aus der Unmöglichkeit einer Berechnung oder Erklärung nicht Freiheit und Unabhängigkeit eines Gegenstandes oder Vorganges begründen. Die Möglichkeit einer *Berechnung* ist ein Faktor der *Erkenntnis*; auch wo dieser nicht gegeben ist, wird die *Existenz* eines Vorganges oder Zustandes nicht berührt.

Man kann auch in der Quantenphysik aus deren statistischen Wahrscheinlichkeit und dieser Unzahl von Teilchen nichts für den Einzelfall ableiten.

Oft wird die Auffassung vertreten, ein Gegenstand könne *gleichzeitig* aus Wellen und Korpuskeln bestehen; man spricht hier von einem *Wellen – Korpuskeln – Dualismus*. Dieser kann die Berechnung von Impuls und Ort nicht ändern. Mit Fug und Recht bestreiten Margenau und Murphi diesen Dualismus (die Mathematik für Physik und Chemie Bd. 11 S. 350). Ein Ding das gleichzeitig Teilchen und Welle sei, sei widersprüchlich; ein Elektron könne sich in einer bestimmten Lage wie Wellen in einer anderen Lage wie ein Teilchen verhalten, nicht aber gleichzeitig Teilchen und Welle *sein*. Eine Unabhängigkeit des Elektrons kann hieraus nicht abgeleitet werden, wenn die Lage des Elektrons entscheidet, ob dieses sich wie ein Teilchen oder wie eine Welle verhält. – *Die Quantentheorie* weicht in zahlreichen Beziehungen von der normalen Physik ab insbesondere beim Problem der Kausalität.

Zeit und Lichtgeschwindigkeit

Die Zeit so auch die *erlebte* Zeit hat *eine* Dimension. Das Zeitbewusstsein kann sich ausdehnen oder zusammenziehen (Bergson, Uexküll) je nachdem ein normaler psychischer Zustand besteht oder grosse Spannungen und Lösungen gegeben sind. Ein Tag der viele interessante Erlebnisse bringt, ist im Nu vorbei; ein Tag der Trägheit findet kaum ein Ende. Viele Bewegungen verkürzen das Zeitbewusstsein, die Trägheit führt zur Langeweile. Im Säuglingsalter ist das Zeitbewusstsein sehr langsam; es verkürzt sich in der Jugend und noch mehr in der Schaffenszeit; im Alter scheint es davonzurennen.

In unserer Erdenwelt wird die *"objektive Zeit"* mit Uhren gemessen, die von einem Zeitpunkt zum andern gleiche Abstände aufweisen. Die Zeit ist hier ein Mass der Bewegungen und Änderungen. Wo man die Formeln der Relativitätstheorie anwendet, also für kosmische Räume, bildet die Zeit einen Faktor im Raum – Zeit – Kontinuum; sie kann sich hier verlangsamen. Man kann auch bei Uhren den Abstand von einem zum andern Zeitpunkt verschieden bestimmen, er muss jedoch stets identisch bemessen werden. Bisweilen wird behauptet, wie das menschliche Bewusstsein für die Erkennung des Raumes mit Lokalzeichen versehen sei, gäbe es für die Zeit Temporalzeichen (von Uexküll). Ob diese Konstruktion weiterführt ist fraglich.

Während die klassische Physik angenommen hat, die Lichtgeschwindigkeit sei gegenüber den andern Geschwindigkeiten unendlich gross, hat sich aus zahlreichen Messungen ergeben, dass sie begrenzt ist auf beinahe 300.000 Kilometer in der Sekunde im Vakuum gemessen und nicht mehr beschleunigt werden kann. Daraus folgt, dass was sich auf einem Stern sichtbar ereignet, *nicht gleichzeitig* auf der Erde wahrgenommen werden kann, weil das Licht eine bestimmte Zeit braucht, bis es die Erde erreicht.

Nach der *speziellen* Relativitätstheorie kann man nur Uhren miteinander synchronisieren, die demselben *Bezugssystem* angehören. Wird ein Lichtsignal von Punkt A zur Zeit t gleich Null ausgesandt und im Punkt B reflektiert und kehrt es zur Zeit t = T zurück, kann man eine Uhr im Punkte B synchronisieren. Bei gegeneinander gerichteten

Bezugssystemen ist die Laufzeit der Lichtgeschwindigkeit in jeder Richtung verschieden. Eine Synchronisierung wird somit unmöglich, fehlt doch auch ein allgemeines Bezugssystem. Es gibt somit keinen absoluten Begriff der Gleichzeitigkeit. (Gernot Eder)

Die Lichtgeschwindigkeit kann nicht durch einen physikalischen Prozess vergrössert werden. Sie besitzt einen *absoluten Grenzwert*. Auch ist sie von keiner Lichtquelle abhängig.

Der Abstand von zwei Zeitpunkten hängt von dem jeweiligen Bezugssystem ab, ist somit nicht identisch.

Eine Uhr, die in einem Bezugssystem (S') ruht, läuft gemäss der Lorenztransformation vom (S) aus langsamer.

Ort und Stand der Galaxien entsprechen nicht der Gegenwart sondern der Vergangenheit, wie diese oft vor vielen Lichtjahren bestanden hat. Dies gemäss der Theorie über die begrenzte Lichtgeschwindigkeit.

In allen Inertialsystemen herrschen die gleichen Naturgesetze. Der Übergang von einem zum andern System wird durch die Lorenztransformation geregelt. Dies ist nur bei sehr grossen Geschwindigkeiten nachprüfbar. Die Lorenztransformation befasst sich mit der Koordination von Bezugssystemen welche gegeneinander mit gleichförmiger Geschwindigkeit bewegt werden. Sie regeln den Zusammenhang zweier Inertialsysteme.

Jedes System muss eigene Uhren besitzen, da Bewegungen den Gang der Uhren verändert.

Die spezielle *Relativitätstheorie* bezieht sich nur auf *Inertialsysteme*, in denen das von *Newton* formulierte Trägheitsgesetz massgebend ist; sie wirkt nur soweit keine Einwirkungen eines Gravitationsfeldes bestehen, da die Schwerkraft Lichtstrahlen ablenkt und ein gekrümmter Raum entsteht. (Einstein, allgemeine Relativitätstheorie)

Diese Theorie befasst sich nicht mit Bezugskörpern sondern mit Koordinationssystemen von Gaus.

Die Gesetze der *euklidischen* Geometrie gelten in astronomischen Verhältnissen nicht absolut, sondern nur mit Abweichungen die durch Gravitationsfelder gegeben sind, welche die Lichtstrahlen ablenken. Eine Gerade bildet hier eine geodätische Linie. Die Ablenkung der Lichtstrahlen durch ein Gravitationsfeld und die Entstehung eines gekrümmten Raumgebildes sind eines der wichtigsten Anliegen der Relativitätstheorie.

Für das Alltagsleben hat die Relativitätstheorie keine Bedeutung. Jedoch sind in der Astronomie ihre Ergebnisse gegenüber der klassischen Physik sehr erheblich; auch spielt sie eine grosse Rolle im Zusammenhang mit der Quantentheorie. (Einstein, Imfeld, "Die Evolution der Physik").

Psychologie

Die wissenschaftliche Psychologie umfasst heute verschiedene Arten, so die physiologische, die beschreibende, die verstehende, die Ganzheitspsychologie, die im Gegensatz steht zur Psychologie, die sich aus Elementen aufbaut, die Psychoanalyse.

Jede Art der Psychologie ist empirisch. Nach ihrem Gegenstand ist eine Religions-, eine Kunst-, Völker- und Massenpsychologie entwickelt worden. Jede Art weist verschiedene Richtungen auf. Die physischen: Gehirn und Nerven, die generell an der Erzeugung der Wahrnehmungen, Vorstellungen, Urteile, Gefühle und Willensakte beteiligt sind, können jeweilen als identisch betrachtet werden, abgesehen von aussergewöhnlichen Fällen, die von der Psychiatrie behandelt werden und den durch die Leistungsfähigkeiten bedingten Unterschieden. Ein Grundproblem bildet die Annahme eines zusammenhängenden einheitlichen *Bewusstseins*, mit seinen verschiedenen Erscheinungsformen dem normalen Bewusstsein, Unterbewusstsein, Traumbewusstsein, Ichbewusstsein, Kollektivbewusstsein, dem Bewusstsein im Zustand der Hypnose.

Die Auffassungen über das Bewusstsein gehen weit auseinander. Nach den klassischen Theorien ist das Bewusstsein eine Wirkung der Seele oder von Gehirn und Seele. Neuere Psychologen verneinen die Existenz einer Seele. Dies gilt nicht nur für Materialisten, Positivisten, Behavioristen sondern zum Teil auch von den Anhängern der Gestaltpsychologie. Das Bewusstsein soll der Ausdruck bestimmter Struktureigenschaften des Mikrokosmos einschliesslich der Welt des Vergegenwärtigten sein. (Mezger, Psychologie 4. Auflage S. 307) Eine andere Meinung nimmt nicht ein Bewusstsein, sondern nur Bewusstes an. Ferner wird häufig das Bestehen eines Willens bestritten. Es sei hierzu bemerkt; eine Seele, die nicht von einem Bewusstsein erfüllt wird, ist tot wie ein Stein. Sie ist im Grunde identisch mit dem in verschiedener Weise gegebenen Bewusstsein. Der Begriff einer Seele führt die Erkenntnis nicht weiter als der Begriff eines umfassenden Bewusstseins. Weiterhin lässt sich die Theorie, es sei nur Bewusstes aber kein Bewusstsein gegeben, mit dem so wichtigen Phänomen des Gedächtnisses nicht vereinbaren.

Insbesondere ändern die Affekte, Intensität und Stimmung des Bewusstseins sehr beträchtlich. Viele an sich gleichartige Handlungen und Verhaltensweisen beruhen auf andersartigen Erlebnissen; die Auswirkungen gleichartiger Geschehnisse sind oft unübersehbar je nachdem wen es angeht. Bewusstsein und Bewusstseineinheit bilden eine Einheit. Man muss die Mannigfaltigkeit der Erscheinungen vereinheitlichen, typisieren will man eine vertretbare Erkenntnis erlangen. Alle Menschen müssen sich ernähren oder ernährt werden, sie verzehren dabei die verschiedenartigsten Nahrungsmittel. Beim Bau eines Hauses verwendet man meistens in den verschiedenen Ländern anderes Material, verwendet verschiedene Formen und Stile. Häuser und Städte sind daher weitgehend in ihrer Erscheinung und deren Grundlagen verschieden.

Die *Rechtsordnungen* als Ausdruck von Bewusstseinsinhalten stimmen sowohl im materiellen wie im Verfahrensrecht in zahlreichen Fällen nicht überein. So wird oft nur als Betrug bestraft, was mit Urkundenfälschungen verbunden ist. Das Bewusstsein bildet mit seinem Inhalt eine Einheit. Gegenstände und Vorgänge auf die sich der jeweilige Bewusstseinsinhalt bezieht, werden oft verschieden gedeutet je nachdem man die Erscheinung des Gegenstandes oder die Grundlage meint. So wurde Goethes Farbenlehre als Widerspruch zu Newtons Theorie des Lichtes empfunden. In Wirklichkeit hat Goethes Lehre die *Erscheinung* des vom Bewusstseinsinhalt erfassten Gegenstandes betroffen, Newton die (physikalische) Grundlage dieser Erscheinung. Dieselbigkeit und Identität sind auf dem Gebiete der Naturwissenschaften meistens nicht vollständig erfassbar.

Weshalb das Gehirn der Lebewesen Bewusstseinsvorgänge erzeugt oder miterzeugt, kann nicht erklärt werden, sowenig wie Erscheinungen möglich sind, die sich von allem physikalischen Geschehen grundlegend unterscheiden. Eine Identität psychischer und physikalischer Vorgänge ist nicht erweislich. Eine Assoziation von Vorstellungen oder die Gefühle unterliegen nicht der Gravitation noch der Quantentheorie, diese nicht psychischen Gesetzen.

Es frägt sich, ob ein *formales oder abstraktes Bewusstsein*, wie es sich im transzendentalen Bewusstsein Kants darbietet oder bei Husserl als ideales Bewusstsein abgenommen wird, existiert. Ein derartiges Bewusstsein müsste bei jedem normalen Menschen angenommen werden und wäre identisch; es bliebe stabil während des ganzen

Lebens. Solch ein formales Bewusstsein kann nicht selbständig sein, sondern muss sich auf Inhalte beziehen, die nicht von ihm erzeugt wurden und kaum von ihm die Qualität Bewusstsein erhalten könnten. Es ist naheliegend, dass ein derart formales, leeres Gebilde, wie das transzendentale Bewusstsein eine Konstruktion darstellt für den Aufbau einer Erkenntnistheorie.

Für die Annahme eines *Unterbewusstseins* spricht die Tatsache dass viele Probleme, die man untertags bis zum Einschlafen nicht lösen konnte, sofort nach dem Erwachen ihre Lösung gefunden haben und finde. In grossem Umfang wird der Begriff des Unterbewusstseins in der Psychoanalyse verwendet. Häufig erfolgen Handlungen und Verhaltensweisen, die ständig wiederholt werden beinahe unbewusst, so beim Solisten, der ein Musikstück hundet bis zweihundert mal vor der Aufführung gespielt hat, der Fussgänger der seinen Weg tagtäglich während Jahren begangen hat, somit nach zahlreichen bewussten Vorgängen.

Das Unterbewusstsein in seiner prägnantesten Form ist im Grunde eine Gehirntätigkeit, die keine Erinnerung hinterlässt. Beim Solisten wird es oft durch eine starke Konzentration, die fast alle andern Sinneseindrücke ausschliesst, bedingt. Beim Fussgänger begleitet es zahlreiche verschiedene Handlungen, auf die der Gehende seine Aufmerksamkeit richtet. Man kann das Unterbewusstsein als einen *identischen* Vorgang betrachten, der bei jedem Menschen vorkommt und diesen in einem gewissen Grad bei seiner Tätigkeit belastet. Das *Traumbewusstsein*, das auch in der Psychoanalyse eine Rolle spielt, steht dem normalen Bewusstsein näher, doch wird jeder Realitätsbezug verdeckt. Fast immer werden die motorischen Nerven nur geringfügig betroffen.

Das Bewusstsein ist nicht nur ein passives Wahrnehmungs- und Erkenntnisakte begleitendes Element, vielmehr ist die bewusste Aufmerksamkeit wie die konzentration ein aktives Verhalten, das sich den gegebenen oder erwarteten Vorgängen oder Gegenständlichkeiten zuwendet.

Im allgemeinen funktioniert der menschliche Körper unbewusst. Kreislauf, Puls, Peristaltik, Leber, Niere, Blutbildung, Hormonausschüttung, Wachstum sind im Normalfall nicht Gegenstand des Bewusstseins. Anders wo eine Krankheit oder ein Unfall vorliegt. Sehr empfindlich sind Auge und Haut. Von der Aussenwelt ist nur ein geringer Ausschnitt dem Bewusstsein zugänglich. Bisweilen wirken die Sinneswahrnehmungen zusammen. Während das Auge noch weitentfernte Sterne identifizieren kann, sind Getast, Gehör, Geruch, Geschmack im Wahrnehmungsbereich stark begrenzt; Wahrnehmungen, Vorstellungen, Urteile, Denkakte, Gefühle mögen sich auf Innen- und Aussenwelt beziehen, bewusst oder unbewusst sein.

Zahlreiche *Körperbewegungen* können indessen *nicht unbewusst* erfolgen. So dürfte es bei den zahlreichen Sportarten kaum vorkommen, dass die Spieler unbewusst rennen, springen, boxen, schwimmen, Eislaufen, Fussballspielen, oder einen Marathonlauf bestehen. Auch die tägliche Arbeit erfolgt bewusst, die Arbeit der Chirurgen, Richter, Angestellten, Arbeiter; vielleicht nicht immer die Arbeit am Fliessband, oder der Spaziergang eines sich auf seine Probleme konzentrierenden Gelehrten. – Für das Handeln und dessen Bewusstsein sind die *Motive* entscheidend. Diese entstehen aus Sinngebilden, Wahrnehmungen, Vorstellungen, die gefühlsbetont sind, Affekten die man oft nicht mehr beherrschen kann. Man hat oft den Gefühlen der Lust oder Unlust (Schmerz) eine entscheidende Bedeutung zuerkannt, lustvolle Gefühle als nützlich, schmerzliche als schädlich betrachtet. Hiebei werden jedoch die Folgen eines lustvollen oder schmerzlichen Verhaltens übersehen, da diese häufig sehr verschieden sind und der Augenblickcharakter unerwartete

Konsequenzen mit sich bringt. Jede Handlung kann zu einer nicht voraussehbaren Folge führen.

Das durch Suggestion und Hypnose beeinflusste Bewusstsein unterscheidet sich vom normalen Bewusstsein durch die Abhängigkeit von einer andern oder von vielen Personen und das Erleben eines Inhaltes der irreal ist und dem normalen Geschehen widerspricht. Sie setzen die Bereitschaft, sich dem Willen des Hypnotiseurs zu unterwerfen voraus. Beim *posthypnotischen* Auftrag führt der Hypnotisierte nach Tagen, Wochen, Monaten einen ihm in der Hypnose erteilten Auftrag aus, ohne zu wissen weshalb er es tut; dabei ist der Zustand der Hypnose schon längere Zeit aufgehoben, der erteilte Auftrag latent erhalten geblieben. Dies steht im Grunde im Einklang mit Bewertungen wie sie im normalen Bewusstsein stattfinden, wo Ursprung und Begründung für die Werturteile meistens fehlen, da sie auf längst vergessene Erlebnisse der Jugendjahre und auf Werturteile der Familie, Freunde und der Massenmedien zurückgehen. Identisch bei der Hypnose ist jeweilen der irreale Charakter des suggerierten Bewusstseinsinhaltes. Weitgehend identisch sind auch die bei der Hypnose angewandten Methoden. Bei Massenpsychosen spielen immer Affekte eine bedeutsame Rolle. Es handelt sich hier um identische Vorgänge, wenn man den Ablauf des Geschehens betrachtet.

Bei vielen Völkern, besonders in südlichen Ländern, bleibt die Gabe des *identischen* Sehens fast bei allen Erwachsenen erhalten, wogegen sie in nördlichen Gegenden bei der Pubertät dahinfällt. So wird was der Märchenerzähler seinen Zuhörern darbietet von diesen trotz der Irrealität des Erzählten "mit eigenen Augen gesehen". Auch hier ist der Vorgang selber identisch; die Einzelheiten aber sehr verschieden. Nicht alle sehen alles in den gleichen Farben.

Das Ichbewusstsein

Das Ichbewusstsein hat sich aus der Erfahrung gebildet, dass sich der eigene Körper des Menschen abhebt von den Gegenständen der Umwelt, auf die man nicht oder nur bedingt, jedenfalls anders als auf den eigenen Körper einwirken kann, mit denen man auch nicht ohne weiteres in Verbindung tritt und keinen Widerhall findet. Das Ichbewusstsein begleitet die normalen Bewusstseinsvorgänge, besonders wenn diese mit Urteilen und Wertungen zusammenhängen. Man nimmt ein komplexes Geschehen an, da sich das Ichbewusstsein nicht nur auf den Körper bezieht sondern im Innenleben eine wesentliche Rolle spielt und oft auch die Kleidung umfasst, sofern diese auf andere einwirkt.

Nach Traugott Konstantin Oesterreich soll es auch bei den schwersten Geisteskrankheiten dasselbe sein. (Phänomenologie des Ich) Sicherlich ist es, wo es nicht im Vordergrund steht, unterschwellig vorhanden. Es kann auch aussetzen, wo das Bewusstsein sich auf bestimmte Aufgaben konzentriert. Es bildet einen Bestandteil des normalen Bewusstseins, ist somit nicht selbständig, wenngleich es bei der Ordnung der Bewusstseinsinhalte eine Rolle spielt, so beim Ablauf von Affekten, Neid, Missgunst, Hass; dise wären ohne das Ichbewusstsein kaum verständlich. Oft betrachtet man es als den "Kern" der Persönlichkeit. Beim *Transitivismus* kann es (obgleich selten) die Gefühle anderer Menschen als seine eigenen erleben, als wäre es ein Stück von ihm. Auch wird es beim Mitleid mit einem andern Wesen gerührt, also betroffen. Es kann auch bei der *Depersonalisation*, wo alle Empfindungen des Körpers in der Erscheinung der Umwelt aufgehen, dahinfallen. (E. Bleuler, Psychiatrie) Somit dient es der räumlichen und wertmässigen Abgrenzung von andern Personen (vielleicht auch Tieren) und ist sehr bedeutsam bei innerlichen Auseinandersetzungen. Das Ich-

oder Selbstbewusstsein ist dasselbe, wenn man von allen es begleitenden Vorgängen absieht, doch wechselt es in seiner Intensität. Es gestaltet den Mitmenschen als *Subjekt* sich gleichzuhalten oder sich wie den Mitmenschen als Objekt zu bewerten. Das Verhältnis zwischen Bewusstsein, Selbstbewusstsein und Umwelt ist ausserordentlich kompliziert. Letzten Endes dürften ähnliche oder identische Grundlagen und Gesetzlichkeiten gegeben sein. Das Selbstbewusstsein (die Vorstellung die der Mensch von sich hat) tritt häufig in seinen Gesichtszügen und seinem Benehmen in Erscheinung. Dies zeigt, wie sehr die Erscheinung des Körpers durch psychische Vorgänge mitbedingt ist, wie man auch das Ichbewusstsein konstruiert, ist dieses doch als Phänomen unbestreitbar vorhanden und für das menschliche Sein und Verhalten von grösster Bedeutung. Als lebenswichtigste Bewusstseinsinhalte sind die Bewegungen des menschlichen Körpers zu betrachten, sie bilden Reaktionen auf Reizungen von Neuronen. Ferner kommt dem Sprachvermögen eine sehr grosse Bedeutung zu als Bewusstseinsinhalt ebenso das Erlernen einer Sprache.

Für die Entstehung eines Bewusstseinsinhaltes bedarf es eines die Bewusstseinsschwelle überschreitenden Grades der Reize, welche auf die Neuronen ausgeübt werden, da sonst die Mannigfaltigkeit der Erscheinungen, die durch Reaktionen bedingt sind, das Bewusstsein zu stark belasten würde und ein zweckmässiges Handeln verhinderten, oder den Prozess des Urteilens, Fühlens, Wertens, Wollens erschweren.

Die physische Grundlage des Bewusstseins ist in der Region des Thalamus und Hypothalamus gegeben. Die Tätigkeiten des Menschen beruhen auf zahlreichen z.T. unbewussten Vorgängen und Reaktionen von Gehirnzellen.

Der Wille

Über das Wesen des Willens bestehen in der Psychologie grosse Meinungsverschiedenheiten. Öfters sind diese durch religiöse oder auch rechtliche Bedürfnisse bedingt. So halten viele Rechtsgelehrte dafür, dass ein *freier* Wille die notwendige Voraussetzung für die Bestrafung eines Deliktes bilde. Eine autogene Theorie nimmt an, der Wille sei ein ursprüngliches Phänomen. (so Ach, Ehrismann, Rohracher) Sie lehnen die Entstehung aus andern Erlebnissen ab. Indessen könnte der Wille für sich allein nichts bewirken. Er erhält seinen Sinn durch die ihn begleitenden *Motive*. Schon sehr früh hat man eine Verbindung zwischen Wille und Gefühlsvermögen angenommen, so in der Philosophie von Franz Brentano, nach dem Vorbild des Aristoteles. Auch Wilhelm Wundt erachtete den Gefühlsverlauf für einen wesentlichen Bestandteil der Willensvorgänge. Ziehen vertritt eine synkretistische Lehre nach der die Willensvorgänge auf intellektuelle und affektive Vorgänge zurückzuführen sind. Wie man auch diese Frage über die Natur des Willens beantwortet, ist doch die Frage der Motivierung das wichtigste Problem. Die Motive bestehen aus zahlreichen, einander oft widersprechenden Vorstellungen, Gefühlen und Bewertungen. Viele dieser Motive beruhen auf alltäglichen, trivialen Vorgängen. Je nach der psychischen Struktur des Menschen können Motive die Oberhand gewinnen, die schlechthin unfassbar sind. So hat im alten Griechenland Deinoteros ein Philosoph anscheinend aus Ruhmsucht sich auf einem Scheiterhaufen verbrannt, also die schrecklichsten Qualen auf sich genommen.

Auch in der letzten Zeit haben junge Menschen und Buddhisten, um ihrem Land zu helfen, sich durch Selbstverbrennung getötet. In Japan sind zahlreiche Kamikazeflieger ums Leben gekommen; öfters haben bedeutende Menschen Harakiri begangen. Ob man aus derartigen Handlungen auf Willensfreiheit schliessen kann, dürfte jedoch sehr zweifelshaft sein, da bei der Motivbildung die Schmerzen des Freitodes noch nicht wirksam waren.

Ob die Auseinandersetzungen der Motive "frei" sind ist höchst unwahrscheinlich, sind doch zahlreiche Komponenten der Motive nicht erfassbar oder allenfalls durch unterbewusste Prozesse bedingt. Die Willensbildung kann als Drang, Äusserung der Kraft, Druck, Stoss und Widerstand erfasst werden. Sie ist von vielen gefühlsmässigen und affektiven Vorstellungen begleitet.

Auch geht der Begriff des Willens über den Begriff des Wünschens weit hinaus und findet seine Rechtfertigung im Erlebnis des Entschlusses.

Allgemeine Arten des Bewusstseins sind ausser dem normalen Bewusstsein ein Unterbewusstsein, Traumbewusstsein, ein durch Hypnose erzeugtes Bewusstsein sowie das Ichbewusstsein.

Das *empirische Bewusstsein* wird oft als Akt oder als fliessender Zustand aufgefasst. Es kann sich dehnen oder zusammenziehen (Bergson, Uexküll) besonders wenn die Zeit eines Vorganges bedeutsam ist und erhebliche Spannungen bestehen. Es weist eine veränderliche Helligkeit und Klarheit auf, ferner wechselt die Aufmerksamkeit in hohem Masse. Die den Bewusstseinsinhalt bildenden Wahrnehmungen sind begrenzt, der grösste Teil der phsyikalischen Wellen werden durch das Bewusstsein nicht erfasst, wie auch nur ein Bruchteil unserer Umgebung erkannbar ist. Je grösser die Mannigfaltigkeit der Erscheinungen ist, desto schwieriger wird es Entscheidungen zu treffen. Die an sich identische *Funktion* des Bewusstseins lässt sich aus den Folgen ableiten, die ein Ausfall des Bewusstseins bewirkt, wo keine Bewegung mehr möglich ist, keine Ernährung stattfinden kann, keine Erkenntnis und kein Trieb, kein Gefühl, kein Wille besteht. Die Grundlage des Bewusstseins ist wohl kontinuierlich gegeben, auch wenn dieses durch den Schlaf unterbrochen wird. Das Bewusstsein ist durch die Neuronen vielleicht auch Synapsen im Gehirn bedingt; nach der Auffassung vieler Psychologen auch durch eine kosmische Macht. (Rohracher) Andere nehmen einen kleinen Teil des Hypothalamus als Grundlage an. Indessen ist *kein Bewusstsein* gegeben, wenn das Gehirn *nicht durchblutet* ist. Es ist demnach *kein selbständiges Wesen*. Ein Bewusstsein das inhaltlich Gegenstände, Vorgänge erfasst, entwickelt sich in mehreren Abschnitten vom Fötus bis zum Greisenalter, wo es abgebaut wird. Dieses Bewusstsein ist nicht dasselbe, schon weil sich der dazu gehörende Körper ändert, Bedürfnisse und Fähigkeiten sowie das Gedächtnis langsamer oder schneller wechseln.

Nch der Struktur des empirischen Bewusstseins ist das bewusste Erleben an sich identisch, doch das sich auf Gegenstände und Vorgänge beziehende Bewusstsein angesichts der Verschiedenheit der Einzelheiten sehr ungleichartig.

Ein kleiner Bezirk ($1 cm^3$) in oder unter dem Hypothalamus erzeugt und lenkt das Bewusstsein. Es gibt Gelehrte (von Weizecker) die nur eine punktförmige Grösse annehmen. (Vgl. den Aufsatz über das Gedächtnis) Lediglich das objektiv als abstrakt gefasste Bewusstsein kann als dasselbe bezeichnet werden; das konkrete erlebte Bewusstsein ändert sich nach Intensität, Inhalt, Umfang und Helligkeit.

Auf Grund des Ausdruckes und der Ausdrucksbewegungen, die unmittelbar oder auch gelenkt oder auch beherrscht erscheinen, vor allem auch der sprachlichen Äusserungen der Mitmenschen ist die Annahme berechtigt, das *abstrakte* Bewusstsein der Mitmenschen sei identisch, das Erleben von Farben und Tönen, Tastempfindungen wie von Raum und Zeit grundsätzlich gleich; dies kann sich nur auf reine Qualitäten beziehen, nicht aber auf die unzähligen Kombinationen von Gefühlen, Trieben, Zwecken, Werturteilen wie sie das konkrete Bewusstsein enthält.

Demnach kommt allen normalen Menschen ein gleiches Bewusstsein zu, als Grundlage des Erlebens; indessen gibt es Blinde, Taube, Stumme mit gefühllosen Körperteilen, mangelndem Geruchs- und Geschmacksvermögen, Farbenblinde mit beschränkten Bewusstseinsmöglichkeiten. In der Tierwelt sind die Sinneswerkzeuge ausserordentlich verschieden.

Im Grunde ist das *empirische* Bewusstsein ein äusserst bewegliches sich fortwährend wechselndes System, in das die unzähligen Formen des Erlebens eingebaut werden können.

Das *konkrete* menschliche Bewusstsein, das jeweilen einen kleinen Ausschnitt der Objekte der Aussen- oder Innenwelt erlebt, wiedergibt, erfasst, enthält, ist sehr verschieden, verändert sich von Moment zu Moment.

Seine Grundlage wird verschieden beurteilt, bald als Gehirn, also als Körper bald als Seele; ob Gehirnvorgänge oder eine Seele das Phänomen Bewusstsein vollständig erklären, wird auch in der Psychologie nicht einheitlich gelehrt. Nicht nur Positivisten, Materialisten, Behavioristen auch ein Teil der Vertreter der Gestaltstheorie lehnt eine Seele als Wesen ab (früher sagte man Substanz) sondern erfasst Bewusstsein oder Seele als eine von körperlichen Ordnungen abängige Erscheinung auf, als Eigenschaft materieller Vorgänge. Bei einem blutleeren Gehirn ist kein Bewusstsein erfahrbar, das Bewusstsein ist somit *nicht selbständig*. Indessen wird das psychophysische Problem auf diese Weise nicht einwandfrei gelöst.

Zwar werden zahlreiche Bewegungen vom Fussgänger bis zum künstlerischen Solisten infolge langer Übungen unbewusst vollzogen, doch setzt dies viele bewusste vorhergehende Bewegungen voraus. Auch erfordert die Aufmerksamkeit mit der eine Aufgabe erfüllt werden soll, einen möglichst ungestörten Zustand, der Gedächtnisvorstellungen oder auch schöpferische Begriffe und Urteile bewusst werden lässt. Weshalb jedoch das Gehirn der Lebewesen Bewusstseinsvorgänge erzeugt oder mit deren Erscheinung verbunden ist, die sich von allen physikalischen Vorgängen grundlegend unterscheiden, kann nicht erklärt werden. Eine Identität physikalischer und psychischer Vorgänge ist nicht gegeben.

Das Ichbewusstsein begleitet die übrigen Bewusstseinsvorgänge und Inhalte, es ist häufig nur peripher oder gar nicht vorhanden, besonders wo Vorgänge der Aufmerksamkeit gegeben sind oder intensive Eindrücke.

Nach Traugott Konstantin Oesterreich (Phänomenologie des Ich) soll es auch bei den schwersten Geisteskrankheiten *dasselbe* sein. Sicherlich ist es meistens unterschwellig vorhanden, wo nicht persönliche Wertungen auftreten und es daher im Vordergrund steht. Es kann beim Transitivismus die Gefühlsausdrücke anderer Menschen begleiten als wäre es dem Bewusstsein dieser integriert.

Es kann auch bei der Depersonalisation, wo alle Körperempfindungen in der Umwelt aufgehen, verschwinden.

Es wird von Gedächtnisvorstellungen begleitet, so wenn man sich an frühere Erlebnisse, Leistungen und Erfahrungen erinnert.

Das Ichbewusstsein ist nur dasselbe, wenn man von allen es umgebenden Vorstellungs- und Gefühlskomplexen absieht.

Es wird sehr häufig vergessen bei der Erinnerung an frühere Vorkommnisse oder auch neutrale Erlebnisse, die Kunst und Natur angehen. Oft betrachtet man es als Kern der Persönlichkeit, was nur zutreffen kann, wenn es mit aussergewöhnlichen Erlebnissen verbunden ist.

Das Ichbewusstsein oder Selbstbewusstsein umfasst oft auch den Körper, bildet eine Art des normalen Bewusstseins.

Es dient wohl der wertmässigen Abgrenzung von andern Personen oder Subjekten deren Bewegungen, Äusserungen, Verhalten als objektiv empfunden wird, was ermöglicht, dass der Einzelne sich in seinem Bewusstsein selber objektiviert.

Dies Möglichkeit ist für ein ethisches Verhalten ausschlaggebend.

Das Selbstbewusstsein ist dasselbe, wenn man von allen konkreten, es begleitenden Umständen d.h. psychischen Vorgängen absieht.

Es wechselt in seiner Intensität, kann auch ausfallen, wo eine grosse Konzentration erforderlich ist.

Da der weitaus grösste Teil der Lebensvorgänge ohne Bewusstsein vor sich geht, bei Pflanzen anscheinend überhaupt kein Bewusstsein ausgebildet ist, fragt es sich, welche *Funktion* dem Bewusstsein zukommt.

Im allgemeinen ist dieses in organischen Lebewesen eingebaut, wo Bewegungen stattfinden und erforderlich sind, Auswahlen und Entscheidungen getroffen werden müssen, die ohne Sinneswerkzeuge und ein Bewusstsein nicht möglich wären und über die Möglichkeiten unbewusster Tätigkeiten weit hinausgehen. Dies gilt auch, wenn ich mich mit andern vergleiche.

Können dank langer Übung bestimmte Handlungen wie das Gehen oder das Spielen eines musikalischen Werkes durch einen Solisten weitgehend ohne Bewusstsein erfolgen, so sind vorhergehende dazu bewusste Verhaltensweisen eine Vorbedingung.

Mensch und Tier erfassen dank ihres Bewusstseins auf grosse Distanzen Vorgänge, die für sie nützlich oder schädlich sind, Feinde oder Beutetiere.

Tiere nehmen oft auf grosse Entfernungen ihren Geschlechtspartner wahr oder unternehmen riesige Wanderungen, was dem Menschen erst mit Hilfe von Instrumenten und Maschinen möglich ist.

Das Bewusstsein erweitert Fähigkeiten und Möglichkeiten der Auswahl und der Erkenntnis in einem unerschöpflichen Ausmass. Diese Erweiterung führte beim Menschen zu einer Vergeistigung d.h. Abstraktion bei der Urteilsbildung und Bewertung, die sich von Bindungen des instinktiven Verhaltens weitgehend loslösten.

Bewirkt das Bewusstsein beim Menschen eine Rationalisierung der biologischen und gesellschaftlichen Probleme des Einzelnen wie der Gesellschaft, steigert es die Fähigkeiten des Menschen zahlen- und qualitätsmässig in einem riesigen Masse, wobei es durch Instrumente die Leistungen der Sinneswerkzeuge erweitert, beschafft man sich Waffen, die das Leben vernichten können, so geht dies über alles weit hinaus, was das sog. Unbewusste bewirken könnte.

Wie es zur Ausbildung eines Bewusstseins kam, ist unbekannt.

Biologie

Alle pflanzlichen und tierischen Lebewesen bestehen aus Zellen mit Zellkern, der Chromosomen und Gene enthält, Zellwand, Mitochondrien, Plasma, Zellorganellen und einem Golgiapparat. Die Struktur der Zellkerne ist im allgemeinen bei Pflanzen, Tieren und Menschen gleich. Die Lebewesen besitzen einen *Bauplan* demgemäss ihr Leben beginnt und endet, der auch ihre Funktion und Reproduktion regelt. Er formt sie nach ihrer Gattung und Art vom Einzeller bis zum Säugetier und verändert sich sich selbst vielfach. Bauplan besagt, dass jede Art sich nach bestimmten Formen identisch darstellt, entsteht, verändert und fortpflanzt.

Bei höheren Lebewesen ändern sich Form und Teile vielfältig und ohne Unterlass in annähernd gleicher Weise.

Ihre Körper als ganze wie ihre Glieder üben zahllose miteinander zusammenwirkende Funktionen aus, die ihrerseits identisch sind. Dies geschieht in einer Anpassung an die Nahrung spendende Umwelt soweit es Umwelt, Wasser oder Land zulassen oder ermöglichen. Die Spezialisierung von Formen und Funktionen kann erst erfolgen wenn die Umwelt weitgehend konstant also identisch ist oder sich konstant in gleicher Weise verändert.

Der *Biokosmos* ist ein umfassender Zusammenhang von Formen und Funktionen identischer und verschiedener Einzelner und riesiger Gruppen, die miteinander, für einander, gegen einander und nebeneinander leben, alle und jedes in ihrem Lebenskreis als ein vorübergehendes Individuum existierend und vergehend. Alle sich aus fremden Stoffen nährend.

Die Bäume erzeugen hunderte identische Blüten und Früchte, Einzeller vermehren sich millionenfach in identischer Weise in kürzester Zeit, ähnlich auch Insekten.

Bei Grosstieren findet im Laufe eines oder zwei Jahre ein völliger Austausch aller Zellen statt ausser der Gehirnzellen, die konstant bleiben aber auch konstant abnehmen.

Tiere bilden psychophysische, identische Einheiten gemäss ihrer Art, sie machen typische Stadien durch. (Morula, Gastrula, Blastula) Auch die Gruppenbildung von Insekten, Vögeln, Fischen erfolgt oft identisch.

Identität des genetischen Codes

Der genetische Code ist nach Auffassung vieler Naturwissenschafter mit wenigen Ausnahmen universell, also bei allen Lebewesen auf der Erde identisch. Daraus schliesst man, dass alle Pflanzen, Tier und Mensch aus einem einzigen Individuum abstammen. Dies scheint mir sehr problematisch zu sein. Eher ist mit Frühformen zu rechnen, die an verschiedenen Orten der Erde oder des Meeres in grossen Haufen entstanden sind, sich während langer Zeit erhalten und entwickelt haben unter gleichen oder ähnlichen Bedingungen.

Während zwei Milliarden Jahren hat der Lebensprozess nach identischen Prinzipien ein Reich von Lebewesen vielfältigster Gattungen und Arten geschaffen, dem wir alle angehören, kaum aus einem Zufall, also aus Faktoren, die nicht als Elemente im Zusammenhang mit den übrigen Elementen standen.

Ein bei allen Gattungen für das Wachstum gleichartiges Verfahren ist *die Zellteilung*.

Theoretisch als ewig denkbar, wo genügend Nahrung vorhanden ist. In kurzer Zeit führt sie täglich zur millionenhaften Reproduktion kleinster Gebilde und einer stetigen Erneuerung der vorhandenen Zellen gemäss dem Bauplan der Gattung und ihrer Organe.

Es stellt sich hier die Frage des *Zufalls*. Dieser Faktor steht ausserhalb der übersehbaren, normalen Kausalkette oder dem üblichen Verlauf des Geschehens. Man kann den Eintritt eines Zufalls erklären aus einem weitschichtigen, übergreifenden Zusammenhang, in dem der ursprünglich betrachtete Zusammenhang enthalten ist. Eine vollständige Übersicht über alle kausalen Faktoren lässt keinen Zufall zu. Dieser beruht auf der Beschränkung unseres Erkennungsvermögens.

Chromosomen und Gene die sehr wesentlich diese Vorgänge regeln, auf den Bauplan der Mütter bezogen sind, besitzen kein Bewusstsein, veranlassen jedoch bewusst handelnde Wesen zur Ernährung und Pflege des Säuglings, erreichen somit durch Weckung von Liebestrieben ein altruistisches Verhalten bewusst handelnder Wesen zu Gunsten des Kindes.

So im Normalfall. Man kann hier keinen verhüllten Egoismus entdecken, sondern nur die Auswirkung eines Triebes, der schon die Zeugung verursachte. Die Annahme eines *Fremdbewusstseins* ist nicht nur verstandesmässig begründet durch Analogie mit dem eigenen Bewusstsein sondern durch Intuition, Gefühle und Triebe. Der Schrei eines normalen Menschen oder Tieres wird unmittelbar intuitiv verstanden, zum Unterschied mit einer Sirene, der man kein Leben anmutet. Auch das Zusammenleben der Menschen bedarf vieler Sympathiegefühle. Einerseits ist demnach ein altruistisches Verhalten ursächlich für die Entstehung und Erhaltung der Lebewesen, anderseits wird das bewusste Verhalten der Eltern in aller erster Linie der Mütter letzten Endes durch die unbewusste Tätigkeit der Gene bewirkt.

Dieser Sachverhalt ist für jede Anthropologie verbindlich. Er zeigt wie weitgehend angeborene Verhaltungsweisen den Menschen in seinem Tun und Lassen bestimmen. Wie eine derart vorausschauende triebhafte Ordnung sich in der Tier und Menschenwelt entwickeln konnte, ist bei der Kompliziertheit des Zusammenspiels aller Faktoren, die z.T. gleichzeitig entstehen, schwer zu erklären.

Die beiden Baupläne sind in Bezug auf die Fortpflanzung verschieden, an sich identisch auf das gleiche Ziel gerichtet. Sie enthalten ein subtiles System von Drüsen, die Hormone ausstossen, was für das Triebleben unentberlich ist.

Für die Existenz und die Erscheinung des Menschen sind zahlreiche biologische und psychologische Typen unterschieden worden. Mit genialem Blick haben Literatur und bildende Kunst derartige Typen erfunden. So stellt Cervantes den verstiegenen Idealisten Don Quichote dem auf weltliche Vorteile bedachten, beleibten Sancho Panso gegenüber. Shakespeare zieht in Julius Caesar, Dicke den gefährlichen, schmächtigen vor. Mozart stellt den schmalen leidenschaftlichen Don Giovanni dem Dicken schlau-primitiven Leporello entgegen.

Diese Vergleiche entsprechen der wohl am besten ausgebildeten Typenlehre Kretschmers, der einen schlanken asthenischen, einen beleibten pyknischen und einen muskulösen athletischen Typus unterscheidet, sowie einen dysplastischen Typus, alle körperlich und seelisch differenzierten Gestalten.

Der *Astheniker* ist häufig reizbar, mürrisch, scheu und ironisch, formell, verschlossen, feinfühlig und überempfindlich, kritisch sowie kühl distanziert.

Der *Pykniker* dagegen erscheint im Normalfall als freundlich, anpassungsfähig, gesellig, gutherzig, lebhaft und witzig, still, ruhig, realistisch, praktisch und verständnisvoll für andere.

Die *Athletiker* besitzen nach dieser Theorie ein visköses Temperament, sind wortkarg, nicht sehr phantasievoll, wenig geistig und sozial aktiv, ausgeglichen gemütvoll.

Diese Typen sind indessen variantenreich und meistens gemischt, was die Erkenntnis sehr erschwert.

Erwähnt sei noch von den zahlreichen Theorien die nur psychisch geltenden Intro- und Extrovertierten Jungs. Diese entsprechen einer mehr nach innen oder aussen gerichteten Natur ihres Charakters, kommen aber nicht sehr oft in der Reinform vor. Da ein Mensch über 23 Chromosomen verfügt und zahllose Gene die *an sich* weitgehend identisch sind, inhaltlich verschieden durch Vermischung der Rassen und Typen erhebliche Abweichungen erfahren, entsteht eine grosse Verschiedenheit des Aussehens und Charakters sowie der Fähigkeiten der Einzelnen wie der Völker.

Bei Völkern welche längere Zeit in einem extremen Klima leben werden auch die Gene verändert.

Uexküll hält die Verschiedenheit der Chromosomen und Gene für die Erhaltung einer Art für nützlich, da bei einer Naturkatastrophe möglicherweise unterschiedliche Eigenschaften einen Teil der Lebewesen nicht untergehen lassen.

Typen, Rassen, ihre Chromosomen und Gene bestimmen weitgehend auch das Wesen des Menschen trotz seiner "gelösten" Gebundenheit. Die Entwicklung geht nur langsam vor sich, da nützliche Mutationen selten sind.

Obschon Chromosomen und Gene kein Bewusstsein besitzen, erzeugen sie Organe welche ein Bewusstsein ermöglichen oder gar bei dessen Erzeugung beteiligt sind.

Der Mensch

Chromosomen und Gene, man unterscheidet Strukturgene und Regulationsgene, wie bei allen Lebewesen vererbte Bestandteile der Zellkerne, ordnen Gestalt und Organe des Menschen gemäss einem Bauplan, gewährleisten dessen Funktionen und die Möglichkeiten des Verhaltens.

Hiebei finden auch die psychischen Eigenschaften (Wahrnehmungen, Vorstellungen, Urteile, Gefühle, Triebe) ihre Grundlage.

Damit sind die Voraussetzungen für das cerebral gelenkte Leben geschaffen. Besonders wichtig ist die *Fortpflanzung*; sie erfordert je zwei männliche und weibliche Baupläne (Chromosomen 23, davon einer Keimzelle pro Zellkern, die voneinander abweichen, aber auf einander bezogen sind). Die Baupläne enthalten die Grundlage für die miteinander korrespondierenden Geschlechtsorgane.

Sie sind in Eizelle und Samenzelle vorhanden, wobei nach der Zeugung im Verlaufe der embrionalen Entwicklung die Geschlechtsbestimmung stattfindet und ein einheitlicher Bauplan entsteht. Massgebend sind für diesen Prozess die ererbten Chromosomen und Gene vor allem aber auch Hormone als steuernde Organe der männlichen und weiblichen Geschlechtsrealisatoren. Sie bewirken Zeugung und Empfängnis, erschaffen einen Fötus, der unter Umstellung des Kreislaufes vom Leib der Mutter ernährt wird und in diesem seine Geborgenheit findet.

Das Zusammenleben in kleinen und grossen Verbänden identischer Lebewesen nimmt die verschiedensten Formen an.

Beim Menschen besteht eine grosse Mannigfaltigkeit entsprechend der abgeschwächten Bedeutung der Instinkte; sie wird durch verstandesmässige Ordnungen erweitert.

In der Tierwelt findet man bisweilen hierarchische Gliederungen, z.B. bei Insektenstaaten von Ameisen, Bienen, Termiten.

Bei Herdentieren sind Leittiere vorhanden, so bei Elephanten, Kühen, Büffeln, Wölfen, Affen, Hühnervögeln.

Bisweilen findet zwischen Männchen und Weibchen eine Arbeitsteilung statt, wonach die Einen oder gar von vielen Einer für die Fortpflanzung sorgen, die andern mit der Ernährung beschäftigt sind. Die Zeugung bedeutet oft den Tod der Männchen die manchmal von den befruchteten Weibchen aufgefressen werden. (Nonnenmantel) Die Bienen erstechen wenigstens die männlichen Drohnen.

All dies geht seit Jahrmillionen in identischer Weise vor sich, nicht oder wenig vom Verstand geleitet, aber zweckmässig.

Werden Tiere durch ihren Instinkt geleitet, ohne Absicherung vor ihren Feinden, hat ein durch den Verstand geleitetes Leben keine Sicherheit, sich oder einer Gesamtheit zu nützen.

Sind viele Tiergattungen ausgestorben, sind viele Menschenvölker im Laufe der Geschichte untergegangen, so der Karmelmensch, der Neandertaler, viele Stämme in der Völkerwanderung, Cimbern und Teutonen, Geisen und Vandalen, Ostgothen, Indianer und vorarische Inder. Ganze Länder wurden von den Mongolen verwüstet, ihre Bevölkerung ausgetilgt.

Das Zusammenleben der Menschen geht meistens auf eine lange Entwicklung zurück. Es wechselt ohne Unterlass Form und Inhalt.

Die Rechtsordnung, die das Zusammenleben regelt, ist nur während verhältnismässig kurzer Zeit identisch; für viele Probleme sind mehrere Lösungen richtig oder werden für richtig gehalten, obschon sie fragwürdig sind.

Das *Recht* ist weithin eine Aufgabe aber keine endgültige Lösung. Die Zusammenarbeit vervielfacht die Leistungsfähigkeit der Einzelnen und ermöglicht monumentale Werke der Wissenschaft und Kunst.

Damit wird der Mensch keineswegs ein mit einer allmächtigen Gottheit vergleichbares Wesen, (analogie entis) auch nicht wenn man die ganze Menschheit als eine Wesenheit zusammenfasste. (Le Grand Etre von Comte) Ob die dem Menschen durch seine geistigen Fähigkeiten zukommende Sonderstellung ihn zu einem höheren Wesen entwickelt oder tragisch endet — wer weiss es?

Der Mensch hat sich nicht selbst geschaffen, er übernimmt ein Erbe von unzähligen Vorfahren und ist trotz aller Freiheit in hohem Masse in die ihm auferlegten körperlichen und geistigen Aufgaben, an die kulturelle Entwicklung im Rahmen der ihm zukommenden Fähigkeiten und Grenzen gebunden.

Die Feststellung der Identität einer Person, Sache oder eines Vorganges ist im Alltag unentbehrlich.

Personen erhalten Namen, damit man sie besser erkenne, ebenso Strassen (anders in Japan) Häuser werden mit Nummern versehen, Vorgänge unter einheitliche Begriffe gebracht.

Was mir gehört, als Besitz oder Eigentum wird fortwährend vom Fremdbesitz unterschieden.

Ohne den Begriff der Diesselbigkeit und des andern, wäre die Welt unverständlich.

Diese empirische Diesselbigkeit oder Identität ist nur äusserlich und unvollständig, da alles Materielle sich ändert besonders rasch in seinen Einzelheiten, seine Funktionen ungleich ausübt oder einstellt, seine Fähigkeiten ungleich auswertet.

Diese Art von Identität muss im Allgemeinen genügen, da viele materielle Objekte nicht in allen ihren Teilen erkennbar sind und vieles Körperliche und Seelische des Mitmenschen verborgen bleibt.

Es ist schwer zu sagen, wann man generell Gegenstände und Vorgänge sinnvoll für identisch hält, obschon sie sich in vielen Teilen unterscheiden.

Meistens ist die Zwecksetzung der Erkenntnis massgebend.

Die Abstammungslehre

Der Zusammenhang der Lebewesen, ihre Abstammung von gleichen oder verschiedenen Arten als Grundlage der Entwicklung bilden den Gegenstand einer empirischen Wissenschaft. Die Verwandtschaft ergibt sich aus den Bauplänen den Funktionen, die von diesen abzuleiten sind, den Erbgesetzen und den Strukturen des Körpers und seine Organe. Die Palaeontologie liefert die Beweisstücke für primitive Formen der gleichen Art, wie sie heute noch bestehen oder für ausgestorbene Arten. So hat man im Reich der Pflanzen schon im Palaezoikum (Spuren) von Farnen, Moosen Pilzen entdeckt, wie sie noch heute in ähnlicher Form existieren. In späteren Erdschichten fand man Fossilien von Bäumen und Koniferenwäldern, die zum Teil verkohlten. Später entstanden Blütenbäume. Ausserdem sind Wasserpflanzen, Sumpf und Moorpflanzen schon früh vorhanden gewesen. Alle diese Arten sind von geologischen Schichten abhängig.

Im *Tierleben* haben sich schon im Kambrium (500 bis 450 Millionen Jahre vor Chr.) zahlreiche Arten entwickelt. Viele sind in der Folge untergegangen, so die riesigen Saurier, viele sind von Kleinformen zu stattlichen Lebewesen herangewachsen (als Muster dienen die Pferde die aus Kleintieren zu stattlichen Lebewesen sich entwickelten). Wassertiere, wahrscheinlich in Sümpfen lebend, sind Landtiere oder auch Amphibien geworden. Reptilien wandelten sich zu Vögeln, wie sich aus den Fossilien des Archeopterix aus den Sohlenhoferschiefern ergibt. Es sind auch Grosstiere wie Mammute und Wale entstanden. Die letzten werden auf grausame Art gefangen und getötet. Beim Menschen nimmt man eine Abzweigung eines Stammes aus dem verschiedene Gruppen von Affen entstanden sind an. Viele Tiere wurden zu Raubtieren, was erst möglich wurde, wenn ihre Organe als Waffen dienten. Eine sehr grosse Gruppe bilden die Insekten, oft mit einem ausgeprägten Sozialsinn wie bei den Ameisen.

Der Wechsel von Formen, Organen, Funktionen, der Ernährung und Unterkunft ist häufig durch die Änderung der Erde, ihrer Schichten den Aufbau riesiger Gebirge, den Bestand von Weltmeeren, der Kontinentalverschiebung, der Verschiebung der Pole, dem Klimawechsel entstanden. Schon früh sind Eiszeiten entstanden; in der Neuzeit haben im Diluvium vier Eiszeiten während 600.000 Jahren und drei Zwischeneiszeiten das Klima bestimmt. Da Pflanzen und Tierwelt von ihrer Umgebung abhängig sind, muss man annehmen, dass diese Änderungen, insbesondere der Klimawechsel auch für den Bestand und die Änderungen der Lebewesen von grosser Bedeutung sind. Die Entstehung neuer Arten wird durch die Gene bestimmt. Wie dies im Einzelnen stattfindet, dürfte wissenschaftlich problematisch sein.

Viel schwieriger als das Problem der Entstehung der Arten ist das der *Urzeugung* d.h. der Entstehung des Lebens und der Lebewesen aus toter Materie. Die Forschungen von Eigen, Monod, Kuhn, Spiegelmann erweisen äusserst komplizierte Verhältnisse. Nach Monod soll das Leben durch einen Zufall entstanden sein. Eigen (der Forscher) quantitative, Kuhn (Forscher) qualitative Vorgänge an. Man muss wohl annehmen, dass grundsätzlich physikalische und chemische Ursachen bestehen. Ob sie sich völlig klären lassen entsprechend den Theorien der Biologen ist nicht mit Sicherheit zu sagen, entstehen doch durch die Urzeugung "sinnvolle" Gebilde und Gestalten aber auch "seelische" und "geistige" Wesen.

Die Frage, ob alles auf einer göttlichen Schöpfung beruht, ist nicht sicher zu bejahen angesichts der schrecklichen Saurier, die eine längere Zeit lebten, der Raubtiere, vielen Reptilien, dem Umstand, dass jede Art von Lebewesen von andern Arten lebt, gelten doch sogar in den heiligen Schriften Reptilien als Ausgeburt des Bösen.

Die Entstehung des Lebens

Die Entstehund des Lebens (Stegmüller, Hauptströmungen der gegenwärtigen Philosophie, erste Aufl. Bd. II S. 376ff). Eines der wichtigsten Gebiete bildet die Erklärung des Lebens.

1) In allen Tieren und Pflanzen sind Proteine gegeben, die im Dienste des chemischen Stoffwechsels tätig sind. Sie bestehen aus grossen Molekülen und Katalisatoren.
2) Katalisatoren sind Stoffe welche chemische Prozesse ermöglichen oder beschleunigen, selbst jedoch in diese Prozesse nicht einbezogen oder verändert werden.
3) Proteine und Katalisatoren bilden Enzyme. Stoffe die das genetische Material bilden.
4) Zwischen Protein und Nucleinsäure ist die Arbeitsteilung in Verbindung mit freigewordener Energie in der Lage, die Zelle zum Aufbau komplexer Verbindungen zu verwenden.
5) Bei Verdünnung wächst die Menge der Viren an.
6) Zwischen dem Zeitpunkt der Infektion der Wirtskörper und der Entstehung von Viren und dem Tod der Viren kommen überhaupt keine Viren vor. Nach dem Tod können Viren ins Leben treten. Wie können Wesen nach ihrem Tode Nachkommen haben?
7) Viren besitzen zwei Halbteile: Eine Proteinhülle und Nucleinsäure als Erbsubstanz. Ferner Sensoren die feststellen ob die Stellen an die die Viren per Zufall gelangt sind zur Wand eines infizierbaren Bakteriums gehören.

Die Theorie des genetischen Codes wird als Teiltheorie der Sequenzhypothese aufgefasst. Der wichtigste Schritt in der Richtung auf eine Lösung des Enzymparadoxons bestand in der Erkenntnis, dass die DNA — und RNA-Fäden die Fähigkeit zur Selbstreduplikation oder zur Autokatalyse besitzen, also sich selbst reproduzieren können. Die DNA-Fäden wie auch die RNA-Fäden kommen einsträngig vor; bei den DNA-Fäden bildet die Doppelsträngigkeit den Normalfall; man spricht hier von einer Doppelhelix. Man kann sich das Ganze statt als Treppe als

Reissverschluss vorstellen. Die eigentliche Proteinsynthese erfolgt an den Ribosomen. Der Vorgang ist so geartet, dass dadurch das restliche t-RNA Molekül jeweils seine energetische Spannung verliert und vom Ribosom weggeschwemmt wird. Es kann sich jedoch wieder energetisch aufladen und diejenige Aminosäure aufnehmen für welche es das zugehörige Anticodon enthält.

Im Verlaufe genauerer Untersuchungen zum Proteinaufbau zeigt es sich, dass die Ribosomen komplexere Gebilde sind als man angenommen hatte. Man vergleicht sie gelegentlich mit Superenzymen. Zu den schwierigsten Problemen der Molekularbiologie gehört die Frage, weshalb es sich dabei um so komplizierte Strukturen handelt, an deren Aufbau ausser Nukleinsäure nicht weniger als 55 Proteine beteiligt sind. Man kann hiezu eine ziemlich genaue Lösung angeben. Es ist ein sich ständig wiederholender Kreisprozess, den das Ribosom während der Synthese eines Proteinmoleküls durchläuft. Nach Beendigung dieses Prozesses steht es für die Synthese eines weiteren Proteins zur Verfügung. Der Gesamtvorgang zerfällt in 3 Phasen. Die Prozessdauer wird durch eine merkwürdige Teamarbeit bestimmt. Damit ein und dieselbe m-RNA gleichzeitig für die Erzeugung mehrerer Proteinketten benützt werden kann, setzen sich die Ribosomen in bestimmten Abständen auf einen m-RNA Faden und rasen dann mit gleichem Tempo und daher stets gleichem Abstand den m-RNA Faden entlang.

Der Hauptprozess findet im Zellinnern statt: die vom Virus injizierte Nukleinsäure übernimmt hier das Kommando. Die Befehlszentrale der Zelle wird ausgeschaltet und die schemischen Fliessbänder der Zelle werden zu einer Tätigkeit gezwungen die in Bezug auf das Zellganze selbstmörderisch ist; sie beginnen statt die für das Leben der Zelle benötigten Eiweisskörper zu erzeugen, Viren zu produzieren. Bereits nach etwa 20 Minuten nach dem Angriff durch ein einziges Virus hat die Zelle einen Grossteil ihrer Körpersubstanz für den Aufbau von Viren verbraucht; sie zerplatzt und setzt dabei die bis zu 200 von ihr erzeugten Virusteilchen frei die weitere Zellen überfallen können. Die älteren Viren betreiben ihre Vermehrung so, dass sie andern Gebilden, nämlich bestimmten lebenden Zellen befehlen, ihre ganze Aktivität auf die Erzeugung von Viren umzustellen. Dabei ist die Art der Befehlserteilung notwendig mit der Auslöschung der älteren Viren gekopppelt.

Der entscheidende Durchbruch war in der Forschung in dem Augenblick geglückt als jemand die Idee hatte in den Chromosomen des Zellkerns Gebilde zu erblicken die sozusagen zellartige Analoga zu den Viren darstellen. Sowie die Viren aus Protein- und Nukleinsäure bestehen und selbstvermehrungsfähig sind, so stellen auch die Chromosomen fadenförmige Gebilde dar, die sich nur aus Protein- und Nukleinsäure zusammenstzen und die sich bei jeder Zellteilung exakt verdoppeln. Chromosomen sind im Verhältnis zu Viren riesenhafte Wesen. Deshalb konzentrierte man sich auf jene viel kleineren, diskreten Untereinheiten der Chromosomen, die man Gene nennt.

Die von Crick aufgestellte Hypothese, wonach es ein sogenanntes Anticodon geben müsse, erwies sich als richtig. Die Lösung des Enzymparadoxons wurde durch die Erkenntnis geliefert, dass das genetische Material der Zelle nicht aus Proteinen sondern aus Nukleinsäure besteht. Alle Nukleinsäuren setzen sich aus Nukleotiden zusammen deren jedes aus drei Komponenten besteht: einem Phosphosrsäuremolekül, einem Zuckermolekül und einem Basenmolekül. Man unterscheidet die beiden Hauptklassen der Nukleinsäure. Insgesamt gibt es 3 Arten von Basen. Nukleinsäuremoleküle sind stets mehr oder weniger lange Fäden von Nukleotiden.

In einem solchen Molekül sind immer Nukleotide der genannten 4 Arten in einer linearen Folge hintereinander aufgereiht. Man kann sie durch Buchstabenfolgen charakterisieren. Was einen solchen Faden von Glied zu Glied zusammenhält ist die Phosphorsäure. Die Proteine setzen sich aus 20 Typen von Bauteilen zusammen. Derartige Ketten können auch aus Hunderten bis Tausenden von Gliedern bestehen, wobei die Reihenfolge beliebig ist.

Die verschiedenen Aminosäuren können zu Verzweigungen für flächenhafte oder räumliche Strukturen werden.

Die grundlegendste Annahme über den genetischen Code ist die Sequenzhypothese. Dabei sind die 4 Nukleotide der DNA in einem DNA-Faden durch ihre Reihenfolge die genetische Information für den Aufbau eines bestimmten Enzyms festgehalten. Ein Gen ist ein Abschnitt eines DNA-Fadens der circa 2.000 Nukleotiden umfasst. Das Grundprinzip der genetischen Nachrichtenübermittlung ist das Gesetz der komplementären Basenpaarung.

Nachwort

1) Entgegen der Auffassung, das Leben sei auf der Erde aus toter Materie entstanden, findet heute die anfangs des 20. Jahrhunderts von Svante Arhenius entwickelte Theorie, die Lebenskeime stammten aus dem Kosmos, eine grössere Beachtung.
2) Ferner sind die Vorgänge, die zu Lebensprozessen führen sehr zahlreich und oft schwer verständlich. Es ist auch oft fraglich, ob sie vollständig sind und wie ihr Verhältnis zum Psychischen beschaffen sind.
3) So ist auch der Begriff des Bauplanes nicht geklärt.
4) Es sind materielle Voraussetzungen, welche die bewussten, wahrgenommenen Gestaltungen und deren Funktionen ermöglichen, besteht doch keine Identität zwischen Leib und Seele, dagegen ein Zusam-

menhang von aufeinander gerichteten Wesensarten, d.h. im lebenden Körper.

Exkurs: Die Sonderstellung des Menschen im Kosmos

Zahlreiche Eigenschaften und Fähigkeiten, die nur ihm zukommen, zeichnen den Menschen vor allen andern Lebewesen aus; so ein ausgebildetes Sprachvermögen und Denkvermögen, ein grossartiges technisches Wissen und Können, eine tiefe, weite Gefühlswelt verbunden mit einer grossen Phantasie. (Der Ausdruck "Sonderstellung im Kosmos" könnte übertrieben sein, zählt doch der uns zugängliche Kosmos mehrere hundert Millionen Galaxien.)

Diese Eigenschaften ermöglichen uns die Erschaffung, nach unserem Urteil, grösster Werke dank der Verwendung vieler Hilfsmittel. Entscheidend ist dabei der Aufstieg der Vernunft, der Niedergang von Intuition und Instinkt, eine erhebliche Befreiung von festen Bindungen.

Ihm steht eine Welt von 700.000 Arten von Insekten gegenüber mit den mannigfaltigsten Formen, jede Art mit einem eigenen identischen Lebenskreis, dazu kommen noch ca. 500.000 andere Arten von Lebewesen, oft in grossen Verbänden auftretend und viele in einer unmerklichen Entwicklung begriffen. Sie werden bisweilen von ihren Eltern erzogen und sind in den mannigfaltigsten, an sich identischen Arten oft äusserst fein und raffiniert geformt, wie man es nicht erfinden könnte.

Viele Tiere übertreffen mit ihren Sinneswahrnehmungen in hohem Masse alles, was der Mensch noch wahrnehmen könnte.

Oft orientieren sie sich bei Tag und Nacht auf riesigen Strecken mit eigener Kraft und ohne Hilfsmittel; man denke an Zugvögel, Brieftauben, Schwärme von Fischen, Züge von Insekten und sie können sich seit Millionen

Jahren in identischer Weise fortbewegen, wobei sie in ihren Eigenschaften begrenzt und gebunden sind.

Menschen, Tiere und Pflanzen sind in ihrer Entwicklung nicht dieselben geblieben. Mit grösster Wahrscheinlichkeit nimmt die Entwicklung, wenn auch nicht überall in gleicher Weise, ihren Fortgang, da ja die Wärmezustände auf der Erde wechseln, neue Eiszeiten eintreten könne, die Sonne erhitzt wird.

Welche Arten sich anpassen können oder vorzeitig untergehen, ob die Menschen in ihrer Ungebundenheit die Welt zerstören oder erhalten, über genügend Nahrung verfügen, auf die Dauer keinen Mangel leiden, steht dahin.

Auch ohne ihre Umweltverwüstung oder Selbstvernichtung lauern viele Gefahren für den Bestand des Lebens jeder Art.

Auch der sich frei fühlende Mensch ist von seiner Umgebung, die langsam ihre Identität verliert abhäng.

Ob seine Sonderstellung nützlicher ist als die Gebundenheit der Tierwelt ist ein grosses Problem.

Der Kosmos

Nach Auffassung der heutigen Astronomen ist der Kosmos räumlich und zeitlich endlich aber unbegrenzt als ein kugelförmiges, eliptiodes Gebilde mit Buckeln.

Ob man eine Kugel oder einen Kreis, eine Ellipse als unbegrenzt bezeichnen kann, ist indessen fragwürdig. Eher könnte man sie als allseitig begrenzt betrachten, muss doch die Grenze nicht in einer Linie bestehen oder ausdrücklich bezeichnet werden. Sie kann auch ein umfassendes räumliches Gebilde sein, das sich abhebt von den sie umgebenden Gegenständen.

Wer sich in einem Zimmer aufhält, befindet sich gleich wie derjenige, der inmitten einer Kugel sich bewegt, in einem begrenzten Raumgebilde und hat in diesem seine Grenzen wie der ihn umgebende Raum.

Unter Kosmos kann man die Gesamtheit aller existierenden materiellen Gegenstände verstehen (also den mit physikalischen Objekten irgendwelcher Art) erfüllten Raum — im Gegensatz zum leeren Raum, der keine Energie aufweist, somit dem Nichts entspricht.

Man kann sich fragen, ob es nur einen Kosmos gibt oder mehrere, wie schon ein Scholastiker es für möglich hielt, wobei jeder Kosmos von einer Gottheit gelenkt wird.

Dies lässt sich nicht völlig ausschliessen, da die andern Kosmosse vielleicht soweit entfernt sind, dass ihre Strahlen nicht in das Gebiet unseres Kosmos gelangen oder überhaupt keine Strahlen aussenden oder bei einem Zusammentreffen mit unserem Kosmos keine Wirkung ausüben. Natürlich bestehen noch weitere Möglichkeiten.

Unser Kosmos kann auch einen Teil eines übergeordneten Ganzen bilden. Man kann zahlreiche Ordnungen nicht ausschliessen, da uns nur ein Teil der existierenden oder vergangenen Galaxien zugänglich ist und man mit einer Vielzahl derartiger uns verborgener Gebilde rechnen muss.

Stehen wir doch erst am Anfang der Forschung.

In der Astronomie der Gegenwart nimmt man an, unser Kosmos habe sich erst vor 10—15.000.000.000 Jahren aus dem Urknall gebildet, als eine dicht zusammengedrängte Masse explodierte, Galaxien entstanden die sich immer weiter voneinander entfernen, der Kosmos sich in einer Expansion befinde.

Woher diese kompakte Ansammlung der Materie stammt, weshalb diese anscheinend nicht sinnvoll gestaltet war, welchen Gesetzen sie unterlegen ist, weshalb es zu einer Explosion kam, dürfte nie abgeklärt werden können, da jede Erfahrung hierüber fehlt. Ebenso lässt sich nicht sagen, wie lange die Expansion der Galaxien dauert, ob diese sich vereinigen (wie schon heute grosse Galaxien kleinere verschlingen) oder ob sich alles im Raume auflöst oder ob alles einstürzt und eine einzige Masse bildet wie vor dem Urknall.

Es gibt Forscher die annehmen, am Ende unseres Weltzeitalters kreisen nur noch aus Schwermetallen bestehende Körper in riesigen Distanzen in unserem leeren Raum bis in alle Ewigkeit. Andere glauben, am Ende strahle unser Kosmos ein mildes Licht aus in göttlicher Harmonie.

Unser Kosmos ist an sich ein identisches Gebilde, wenn und soweit in ihm alle materiellen Prozesse stattfinden und alle materiellen Gegenstände enthalten sind, er ist nicht derselbe in seinen unaufhörlich sich wandelnden Gestaltungen.

Er ist für unser Bewusstsein, das in ihm lebt, unverständlich, vielleicht aber an sich nicht sinnlos.

Alle unsere Wahrnehmungen und Vorstellungen sind darauf gerichtet sinnvolle Gestaltungen zu bilden; darin ist der Gestaltpsychologie Recht zu geben. Ob diese Gestalten subjektiv sind oder einen objektiven Gehalt aufweisen, ist oft problematisch. Über den Sinn des Kosmos ist kein sinnvolles Urteil zu fällen.

Heute wird oft angenommen, der Kosmos sei endlich, er habe mit dem Urknall begonnen, alle Galaxien und Sterne verflüchtigten sich, sodass er sich wieder auflöse.

Einerseits setzt der Urknall einen Kosmos voraus über dessen Struktur und Dauer und Herkunft wir keinerlei Erfahrung besitzen, anderseits weiss niemand, ob der gegenwärtige Kosmos seine Struktur und Fluchtbewegungen andauernd beibehält oder ob er eine neue Gestalt annimmt.

Eine sichere Erkenntnis ist nicht möglich, da wir nur einen Teil der Galaxien unseres Kosmos "kennen", viele uns verborgen sind.

Das Absolute

Das Absolute kann als identische (im Sinne der Dieselbigkeit) Idee aufgefasst werden oder als ein reales identisches Wesen, das unabhängig ist von jeglichem Subjekt oder Objekt, idem Existierenden oder jede Wesenheit, immun gegenüber jedem Anderssein.

Möglicherweise ist es erschlossen aus vielen Sachverhalten, Präjudizien oder erfahren in psychischen Erlebnissen mystischer Art. Man kann ihm zahlreiche Eigenschaften ausser seiner Unabhängigkeit, Existenz und Freiheit zuschreiben, muss jedoch fragen, woher man das weiss.

Das wichtigste Attribut ist die Vollendung. Wenn das Absolute vollendet ist, muss es auch allmächtig sein. Wenn das Absolute allmächtig ist, muss es auch allwissend sein, da sonst die Allmacht unvollkommen wäre, es braucht auch die Allgegenwart, da sonst die Allwissenheit gefährdet wäre, es braucht auch die Existenz da sonst das Absolute nicht allmächtig und vollkommen sein könnte.

Als Wertprädikate werden dem Absoluten die Gutheit und die Seligkeit zugesprochen, weil es sonst nicht vollendet wäre.

Das Absolute widerspricht der "Natur" die nicht vollendet ist, es wahrscheinlich auch nie wird, nur in ihren einzelnen Lebewesen über Bewusstsein verfügt und sich beständig wandelt. Sie wird als materiell betrachtet in ihrer Dauer beschränkt und wandelt sich in ihrer bedingten Dieselbigkeit.

Die Meinung das Veränderliche sei Grundlage eines unveränderlichen Absoluten ist nicht schlüssig, wie es auch fraglich ist, aus Relativem auf Absolutes zu schliessen.

Die Natur ist ferner auch in ihrer Mächtigkeit begrenzt.

Die physikalischen Erscheinungen können nicht als letztes, unabhängiges betrachtet werden; niemand kann sagen, ob Quarke unveränderlich sind.

Vom Absoluten macht man sich gewöhnlich anthropomorphe Vorstellungen. Man möchte mit ihm in Verbindung treten; zur Erfüllung seiner Wünsche und Begehren, besonders in der Not. Ob eine echte bewusste Begegnung mit dem Absoluten möglich ist, eine unio mystica cum deo, lässt sich nicht erwahren, kann doch alles subjektiv sein.

Ist der christliche Gott von Ewigkeit zu Ewigkeit derselbe, waren die griechischen Götter nicht ewig, sondern der Moira dem Schicksal unterworfen.

Die Philosophie nahm später eine Weltvernunft an, ein in allem und jedem vernünftiges Wesen ideeller Art dem alles Geistige unterlag und auch das Materielle.

In der Neuzeit hat der Pessimist Eduard von Hartmann einen sich erlösenden Gott angenommen, der sich ins Nichts auflöste. Ob man sagen kann, dieser Gott sei derselbe ist fraglich, da er fortdauernd schwächer würde, bis zu seinem Ende.

Im Gegensatz dazu glaubten Bergson und Scheler an einen "werdenden" Gott, der immer mächtiger wird, indessen beim letzteren Philosophen sogar den Menschen zur Gottwerdung braucht, wie in der Mystik oft Gott und Mensch in ihrer Existenz auf einander angewiesen waren.

Beim Pantheismus ist keine absolute Dieselbigkeit gegeben, wenn das ihm zugehörende Weltall sich von Moment zu Moment ändert, für die Geschöpfe Glück oder Unglück bringt.

Nur wenn man alles zusammenrechnet und die Unterschiede für unwesentlich hält, kann er dasselbe sein.

Ist die Gottheit allmächtig, so hat sie keine Grenzen; könnte sie jedoch alles, was bisher geschehen ist, ungeschehen machen? Ist sie an irgendeine Logik gebunden oder gibt es für sie keinen Widerspruch? Auch nicht wenn die Gegebenheiten widersprüchlich sind? Kann sie Naturgesetze aufheben oder sich selbst aufgeben? Ist die Gottheit allmächtig, der Kosmos aber endlich, ist dieser ihr wohl untertan. Sie kann ihn und alles, was ihm angehört aufbauen, lenken und zerstören wie in der indischen Religion Brahma alles schafft, Wischnu es erhält und Shiwa zerstört, eine im Grunde sehr realistische Betrachtung.

Während in religiöosen Zeiten, alles, was dem Menschen widerfahren ist, auf Gottes oder seines Widersachers Tätigkeit zurückgeführt wurde, sind heute identische Naturgesetze massgebend, doch sind für den religiösen Menschen alle Dinge Gottes Werk.

Eine identische (dieselbe) Gottheit ist für den Frommen notwendig; würde sie sich in ihren Wertungen immer wieder ändern, wäre jedes Vertrauen fraglich.

Nimmt man die Existenz einer Gottheit an, ohne deren Zwecksetzungen zu kennen, so ist damit wenig gesagt und nichts erklärt. Man setzt dann einen unbekannten Faktor ins Geschehen ein, der die Erkenntnis um keinen Schritt weiterführt, anderseits kann man noch so genau wissen wie sich der Kosmos entwickelt, die letzten Gründe, weshalb etwas gegeben ist, sei es der identische derselbe Kosmos oder die identische dieselbe ihn lenkende Gottheit, bleiben uns verborgen.

Es ist ein Geheimnis und eine grosse Frage, ob sich an dieser Lage je etwas ändern wird, da man weder das eine noch das andere beweisen oder sichtbar machen kann.

Aus der Allmacht Gottes wird bisweilen, so im Islam und von einigen christlichen Theologen abgeleitet, das Absolute wolle auch das Böse sonst wäre es nicht allmächtig. Diese Folgerung ist wie alles, was man dem Absoluten anmutet, eine reine Spekulation, die das göttliche Handeln auf Grund einer menschlichen Ethik bewertet.

Das Absolute wird beim Monotheismus als ideell betrachtet, bewusst handelnd, als ewige geistige, unberührbare Existenz. Aus der Vollendung ergibt sich, wie schon die Scholastiker angenommen haben, auch die Ewigkeit des Absoluten. Ob das Absolute nur ein ideeles, spirituelles Wesen ist, das einen oder viele Kosmosse erschaffen hat und lenkt, kann nicht dargestellt oder gar bewiesen werden, sowenig man dartun kann, dass materielles, seelisches oder geistiges erzeugt und nicht nur eine Bedingung hierfür bildet.

Für den Menschen ist das Absolute ein unergründliches, unendliches Wesen. Wenn irgendwo, dann erscheint die Maiestas Dei in unserem unermesslichen Weltall, wo wir alle leben und sterben. Die Vollkommenheit des Absoluten bedingt, dass man diesem in seiner Existenz und in seinem Wirken die höchstmögliche Werthöhe zuerkennt.

Was die Güte und Gerechtigkeit anbetrifft, so hat dieses Theodizee genannte Problem schon die alten Völker beeindruckt. Den Sumerern und den Babyloniern war es bekannt; es wurde dann als Buch Hiob vom alten Testament übernommen. Hier war ein frommer Mann, der eine grosse Familie und viele Herden besessen hat. Trotz seiner Gerechtigkeit hat er alles verloren. Nach verschiedenen Versionen hat dann der Demütige Hab und Gut wieder zurückerhalten, z.T. in vermehrtem Ausmass. Es wäre doch unerträglich gewesen, wenn er trotz seiner Frömmigkeit und Treue alles verloren hätte.

Schlussbetrachtung

Das Prinzip der Identität bildet einen notwendigen *Ordnungsfaktor* sowohl bei unserer Erkenntnis als auch bei natürlichen Gestaltungen. Ohne identische Ordnungen wären in der Mathematik weder Zahlenreihen noch Körper, Ringe, Gruppen möglich. Die Physik würde nur verschiedenartige Gegenstände und Vorgänge beurteilen können. Die Erkenntnis von Naturgesetzen müsste in Ermangelung identischer Vorgänge unmöglich werden, da man die Verschiedenheiten nicht unter identischen Formeln erfassen könnte.

In der Biologie könnte man keine Arten und Gattungen von Pflanzen und Tieren vorfinden; jedes Wesen hätte andere Organe.

Die Bauplätze der Menschen wären singulär nicht für grosse Gruppen geschaffen. Die Sprache könnte kein Verständigungsmittel sein, da niemand über die gleichen Ausdrucksmittel verfügte.

In Gegensatz zum Gedächtnis ist das Prinzip der Identität nicht nur dem erkennenden Subjekt zu eigen, sondern auch weiten Teilen der Natur, z.B. Meeren, Flüssen und Seen, die aus Wasser bestehen das aus zahllosen Wasserstoffmolekülen (H_2O) zusammengesetzt ist. Zwischen Identität und Verschiedenheit ist ein grosses polares Spannungsfeld gegeben.

Interpretiert man ein Kunstwerk identisch oder findet man verschiedene Aspekte. Ist eine Krankheit mit der im Lehrbuch beschriebenen identisch oder weist sie verschiedenartige Merkmale auf. Ist ein Urteil identisch mit der Auffassung des Gesetzgebers. Eine reine Identitätsphilosophie würde den Dingen Gewalt antun und jede Erkenntnis verhindern.

Das Prinzip der Identität ist gleichzeitig in der Ordnung von Denken und Sein enthalten.

II DAS GEDÄCHTNIS

Begriff und Funktion

Unter Gedächtnis ist die Fähigkeit der Gehirnzellen und der Seele zu verstehen, vergehende Bewusstseinsinhalte, so Wahrnehmungen, Vorstellungen, Gefühle, Bestrebungen, Urteile zu bewahren, zu reproduzieren und ein Wiedererkennen mit gegenwärtigen Gegenständen und Vorgängen zu ermöglichen. Man kann auch als Gedächtnis die Gesamtheit aller vergangenen reproduzierbaren Bewusstseinsinhalte bezeichnen.

Unsere augenblicklich erfassbaren Wahrnehmungen sind zahlenmässig beschränkt und nur in grossen Zügen nach Form, Inhalt und Intensität erkennbar.

Die Struktur eines Wahrnehmungsbildes, seine Gestaltungen sind räumlich und zeitlich veränderliche Gebilde von grösster Manigfaltigkeit, können nicht vollständig in allen Sinnesqualitäten und Bezügen ins Bewusstsein treten.

Man betrachte eine Landschaft, eine gotische Kirche oder auch nur ein Zimmer in der Vielfalt ihrer Erscheinungen und versuche das Wahrgenommene unmittelbar in seinen Einzelheiten mit abgewandtem Blick wiederzugeben.

Die bewussten Wahrnehmungen, durch physikalische Reize auf unsere Sinnesorgane hervorgerufen (Optik, Haptik, Akustik, Geruch und Geschmack) bilden somit eine kleine Auswahl aus unserer Umwelt.

Da die Erscheinung unserer Umwelt die Grundlage für unser Verhalten darstellt, also eine Folge von Entscheidungen ermöglichen muss, wäre eine vollständige Kenntnisnahme der Abstufungen und Einzelheiten des Wahrnehmungsbildes für ein zweckmässiges Handeln ein unüberwindbares Hindernis.

Je mehr Faktoren gegeben sind, desto schwieriger wird eine Entscheidung.

Würden ferner alle Wahrnehmungen, die unser Bewusstsein erfüllen oder erfüllt haben, diesem wie in einem göttlichen Bewusstsein in ihrer ursprünglichen Intensität erhalten bleiben, wäre ebenfalls jede Entscheidung gelähmt, weil man nicht unterscheiden könnte, was gegenwärtig und was vergangen ist.

Anderseits wären Entscheidungen, die ausschliesslich auf Grund der Erscheinungen der unmittelbaren Gegenwart ergehen, höchst fragwürdig, da ohne Gedächtnis nur Reflexe, Instinkte und der gegenwärtige Eindruck unser Verhalten bestimmten.

Die Fülle der Erfahrung fehlte.

Demgegenüber stellt das Gedächtnis eine lebensnotwendige Einrichtung dar, deren Leistungen alles übertreffen, was ein instinktives, durch die Gegenwart bestimmtes Verhalten leisten kann.

Wahrnehmungen unserer Umwelt oder unseres Körpers ändern sich oder wechseln von Moment zu Moment und werden durch neue abgelöst. Sie verlieren dabei den Charakter von durch physikalische Reize erzeugten Erscheinungen, werden entweder endgültig aus dem Bewusstsein ausgeschieden oder in Vorstellungen verwandelt, die nicht mehr dem durch Reize bedingten Wahrnehmungsbild unserer Umgebung angehören, wenngleich sie dieses noch begleiten können.

Sie können unbewusst werden, *latent* vorhanden sein und in vielfältiger Art wieder bewusst werden als Abbild einer Wahrnehmung oder als abstraktes Gebilde.

Hiebei vermag ein Gegenstand oder Vorgang der Wahrnehmungswelt wieder erkannt zu werden oder nur die Vorstellung als solche ins Bewusstsein zu treten; oft erzeugt sie dann Bewegungen oder Wahrnehmungen z.B. Wörter, Sätze, Werturteile.

Ein vergangenes Ereignis wird als Vorstellung wieder gegenwärtig und nimmt an der Motivation des Handelns teil.

Damit ist die Grundlage für das was man Erfahrung nennt, geschaffen.

Die frühere Wahrnehmung bleibt, nicht immer in allen Teilen — oft auf sehr lange Zeit — als unbewusste Vorstellung erhalten, also ohne das Bewusstsein zu belasten, wird jedoch bisweilen für eine kürzere oder längere Zeit in mannigfaltiger Weise Inhalt dieses Bewusstseins.

Dieser Sachverhalt ist von grösster Bedeutung.

Man unterscheidet ein Kurzgedächtnis, ein Ultrakurzgedächtnis von wenigen Sekunden, ein Gedächtnis das jahrzehntelang andauert, auch Frisch- und Altgedächtnis, ein Gedächtnis für Formen, Farben und andere Inhalte, für Sprachen, Zahlen, Gestalten, Zeit und vieles andere was das Bewusstsein erfüllt. Der Inhalt des Bewusstseins verändert sich mehr oder weniger rasch; man kann dabei bildlich von einem Fliessen sprechen, das sich von einem Rasterverfahren mit unmerklichen Synkopen nicht zu unterscheiden braucht. (Bergson und Uexküll)

Die Gegenwart wird dabei zur Vergangenheit, die Zukunft zur Gegenwart.

Durch das Gedächtnis wird das Vergangene wieder vorstellungsmässig gegenwärtig, Gegenwärtiges mit Vergangenem identifiziert. Das Objekt der Wahrnehmung bleibt physikalisch zu einem guten Teil bestehen, oft wird es ausgelöscht, so z.B. ein Gespräch. Ohne Gedächtnis wird zwar ein in der Vergangenheit hergestelltes Objekt z.B. ein Haus oder eine Uhr als gegenwärtig erkannt aber nicht wiedererkannt; was seit seiner Konstruktion bis zur Gegenwart geschah, bleibt vergangen und vergessen.

Gedächtnis und Instinkt

Man kann als Instinkt bezeichnen: einen Komplex primitiver Lebensbedürfnisse und den mit diesen unmittelbar verkoppelten Tätigkeiten (Nahrungsaufnahme, Zeugung, Nestbau) oder auch einen hierarchisch organisierten Mechanismus der auf bestimmte Impulse anspricht und mit zugeordneten gleichförmigen Bewegungen darauf reagiert.

Instinkte beherrschen Mensch und Tier.
Bei den letzteren sind sie offenkundiger.

Hunde, Wölfe, Kühe besitzen einen Herdeninstinkt; in geradezu ungeheurem Ausmass werden Zugvögel durch Instinkte in ferne Kontinente gelenkt, Fische z.B. Salme zu Zügen in ihnen unbekannte Gegenden der Weltmeere, wo sie ihre Laichplätze finden, bestimmte Fledermäuse, Brieftauben, Insekten und Falter besitzen einen ausserordentlich differenzierten Orientierungssinn.

Ist das Gedächtnis auf die Verbindung von Gegenwart und Vergangenheit eingestellt was die Bildung von Erfahrungen ermöglicht, ist der Instinkt auf gegenwärtige und zukünftige Handlungen ausgerichtet.

Der Instinkt bedarf keiner Übung und Wiederholung; er ist ererbt, von Anfang an vorhanden und reagiert automatisch. Er ist für alle Lebewesen notwendig und schützt sie vor existenzgefährdenen Erfahrungen.

Indessen ist er an bestimmte Lagen der In- und Umwelt der Lebewesen gebunden, auf die er in gleicher typischer Weise reagiert, wogegen der, auf den Gedächtnis gegründeten Erfahrung keine Grenzen gesetzt sind.

Der gleiche Unterschied besteht zwischen *Reflex* sowie bedingtem Reflex und Gedächtnisvorstellungen.

Reflexe werden aufgelöst als gleichartige Bewegungen durch Reizung bestimmter nervöser Zonen (z.B. der Puppillenreflex, Patellarreflex, Bauchdeckenreflex, der bedingte Reflex dagegen nicht durch einen unmittelbaren Reiz, sondern durch die Vorstellung eines Reizes.

Diese Vorstellung veranlasst bestimmte Bewegungen und Vorgänge. So findet durch blossen Geruch oder Geschmack oder deren Vorstellung eine Absonderung von Speichel im Munde statt, ohne dass irgendwelche Speise sich in diesem befände.

Reflex und bedingter Reflex beziehen sich ausschliesslich auf Gegenwärtiges.

Gedächtnis und Zeitbewusstsein

Das Gedächtnis ist notwendig für den *Begriff der Zeit*, da wir sonst nur Gegenwart und Zukunft erfahren würden, alles gegenwärtige Geschehen fortwährend vergessen und nicht mehr erkennbar wäre und auch als Vorstellung nicht mehr bewusst würde. Wer sein Gedächtnis verliert, wie der Arteriosklerotiker, kann sich räumlich und zeitlich nicht mehr orientieren, obschon seine Umwelt im Grossen und Ganzen gleichgeblieben ist.

Seine Umwelt wird fremd und neu, ohne Zusammenhang mit ihrem früheren Zustand, sie ist unbekannt, eigentlich aus dem Nichts entstanden und in ihren wesentlichen Eigenschaften infolge des Zeitwandels unerkennbar.

Bei völligem Ausfall des Gedächtnisses wird alles, was die Mitmenschen sagen, jeder Einwirkung auf die sich ins Zukünftige wandelnde Gegenwart entzogen.

Die eigene Familie, Freunde, Bekannte, Feinde werden verkannt. Der Verlust des Gedächtnisses lässt die Vergangenheit nicht als eine Form der Zeit erkennen, die Gegenwart und Zukunft verschlingt, da alles unmerklich und unwiederbringlich untergeht, d.h. aus dem Bewusstsein verschwindet und neu entdeckt werden muss wie ein erstmals wahrgenommenes Gebilde.

Ohne Gedächtnis bestände die erlebte Zeit des Menschen nur aus der in die Zukunft fliessenden Gegenwart.

Die alltägliche Umgebung würde als nie zuvor gesehen empfunden. Die Erkenntnis des Unterschiedes der sich immer mehr verflüchtigenden Vergangenheit und der immer mehr in die Zukunft hineinwachsenden Gegenwart wird durch das Gedächtnis bewirkt, das die gegenwärtigen Wahrnehmungen durch latente Vorstellungen, die wieder bewusst werden können, festhält.

Die Uhr als Zeitmesser versagt, wenn man ihren Umlauf nicht im Gedächtnis behalten kann, ihre Zeichen stets aufs Neue lernen muss.

Der Unterschied der *erlebten* Gegenwart von der *erlebten* Vergangenheit ergibt sich daraus, dass die Gegenwart nicht auf die Vergangenheit *einwirken* kann, aber von der Vergangenheit bestimmt worden ist.

Nicht in die Gegenwart hineinragende Objekte der Vergangenheit können auch nicht *wahrgenommen* werden. (Bei einem Sonnenuntergang sieht man noch das Objekt das sich schon unter dem Horizont, also an einem andern als dem wahrgenommenen Ort befindet, bei einer Galaxie ist vielleicht das Objekt der gegenwärtigen Wahrnehmung untergegangen).

Die Gegenwart fliesst in die Zukunft und vergeht gleichzeitg in der Vergangenheit.

Die Zukunft wird zur Gegenwart, indem diese ihrem im augenblicklichen Erleben enthaltenen Anteil an der Vergangenheit verliert. Die aus drei Teilen bestehende sich fortbewegende Gegenwart verliert beim Vorwärtsgleiten ein Stück ihrer selbst und wird unaufhaltsam in die Zukunft getrieben; der Anteil des Vergangenen vergrössert sich, der Anteil der Zukunft schwindet. Ob eine ewige Wiederkunft, wie Pythagoras und Nietzsche glauben, möglich ist oder alles im Nichts versinkt, lässt sich nicht sagen.

Die Gegenwart bleibt, trotz ihrer ständigen Änderungen das Verbindungsstück zwischen Zukunft und Vergangenheit, zwischen Geburt und Tod.

Die Zeit ist das Erleben der *Veränderung* der sich im Raum befindenden Gegenstände (oder der räumlichen sich im Nichts bewegenden Gegenstände).

In einem leeren Raume gibt es keine Zeit. Die erlebte Zeit ist nicht stetig; sie kann sich dehnen (bei Betrachtung eines langweiligen Geschehens), sie kann sich verflüchtigen (bei Betrachtung eines mit grösster Spannung erlebten Vorganges). Sie dauert in der Jugend verhältnismässig viel länger als im Alter, wie die Erfahrung zeigt; sie gleich in ihrem Verlauf der Spannung und Lösung der Gefühle aus. (Bergson)

Sie unterscheidet sich von der gemessenen Zeit, die als objektiv betrachtet wird und von der gemessenen Zeit, die grundsätzlich stetig sein soll.

Die Relativitätstheorie kennt *kein absolutes Bezugssystem.* Sie befasst sich mit der Messung physikalischer Vorgänge, also mit bestimmten Bewegungen, wobei der Bewegungszustand des Beobachters in die Rechnung einbezogen werden muss.

Ferner bildet die Lichtgeschwindigkeit, die ein stetiges Zeitmoment enthält, eine Voraussetzung kosmischer oder mikrokosmischer Berechnungen.

Für den Menschen und seine Zeitbestimmung ist sein psychophysisches Dasein, man kann auch sagen sein Gehirn oder sein Bewusstsein, der Mittelpunkt seines statischen Bezugssystemes. Demgemäss erscheinen ihm Galaxien oder andere Sterngebilde als Gegenwart, während für die objektive Zeitmessung diese der Vergangenheit angehören aber den Ursprung gegenwärtiger Strahlen bilden.

Auch ohne Gedächtnis würde man diese Strahlenwelt erleben. Ferner ist die Gleichzeitigkeit eines Ereignisses für den Einzelnen und sein Bezugssystem nicht problematisch, im Gegensatz zur objektiven Zeitmessung.

Die Sprache

Die Sprache ist eine der grössten und wichtigsten Gedächtnisleistungen, ermöglicht sie doch, was immer als Wahrnehmung, Vorstellung, Gefühl usw. erlebt wird, in Lauten oder Schriftzeichen also stellvertretend oder objektbezogen für den Einzelnen und die Mitmenschen verständlich auszudrücken, somit Wahrnehmungen zu erzeugen.

Wie sehr sie auf dem Gedächtnis beruht, zeigt sich beim Erlernen einer Fremdsprache.

Die Muttersprache, wie jede andere wird in zahlreichen Schritten erlernt, bis zur Beherrschung. Ohne Gedächtnis wäre der systematische oder der natürliche Lernvorgang unmöglich, da man das Erlernte fortgesetzt vergässe. Man würde die auf Objekte sich beziehenden Wörter vergessen wie auch Deklination, Konjugation, Ort und Zeit auf die die Ausdrücke ausgerichtet sind, ebenso die Urteilsformen wie sie sprachlich ausgedrückt auftreten.

Da man auch eine Zeichensprache erlernen müsste, wie sie für das Telegraphieren benötigt wird, bei den frühen Völkern, würde auch dieses Verständigungsmittel ohne die Gabe des Gedächtnisses versagen.

Ohne Sprache wäre das Denken und Erkennen auf Bilder beschränkt, wobei diese und ihre Bedeutung nicht aufgespeichert würden.

Die Bildung des Wortschatzes oder einer Sammlung von Zeichen, wie sie schon das Rechnen erfordert, ist ohne Gedächtnis unmöglich. Ein stets einsatzbereiter *Wortschatz* ist für einen geläufigen Gebrauch einer Sprache unentbehrlich.

Er muss jedoch zuerst erworben werden, also vom Gedächtnis reproduziert werden können, der er, auch wenn er stets erweitert wird, aus vergangenen Lernvorgängen entstanden ist.

Man würde ohne Erinnerungsvermögen auf einer tierischen Stufe verbleiben.

Die Notwendigkeit des Gedächtnisses für die Sprache, insbesondere das Geschriebene und Gedruckte, ist bei den Aphasien offenkundig, da der Leser zwar die Buchstaben der Schrift sieht, der Hörer die Sprachlaute vernimmt, nicht aber mehr erkennt, was sie aussagen.

Die Erinnerung, das Wiedererkennen entfällt hier und die Wahrnehmung führt nicht mehr zu einer Erkenntnis.

Die Bibliothek wird überflüssig, wenn man keine Bücher lesen kann, weil man deren Inhalt nicht mehr versteht.

Die dem Gedächtnis entsprungene Sprache erzeugt beim Sprechenden wie bei seinem Partner Wahrnehmungen in Form von Ausdrücken. Dies geschieht beim Sprechenden mit Hilfe der motorischen Hirn- und Nervenzellen.

Das Sprechen gehört zu den zahlreichen Ausdrucksbewegungen, der Mimik, dem Gang der Zeichengebung, der Bewegung des Kopfes, der Arme und Hände.

Die Sprache ermöglicht ein logisches Denken, wird doch das meiste was wir erfahren in Sätzen, die als Urteile erscheinen, ausgedrückt.

Diese vertreten Wahrnehmungen und Vorstellungen, Gefühle also die verschiedenartigsten Bewusstseinsinhalte.

Der Aufbau einer Wissenschaft erfordert einen Reichtum an Wörtern und kategoriellen Abwandlungen, einen grossen Wortschatz mit präzisen Ausdrücken.

Die Wahrnehmung

Die Wahrnehmung von Gegenständen, Bewegungen und Vorgängen wird in der Regel durch die Einwirkung *physikalischer Reize* auf unsere Sinnesorgane und dann auf das Zentralnervensystem erzeugt, so nach der herrschenden Meinung der Psychologen und Biologen.

Gewöhnlich unterscheidet man sie von Vorstellungen bei denen eine derartige Kausalität nicht gegeben ist, die indessen auf Wahrnehmungen zurückgeführt werden.

Wahrnehmungsakte und Inhalte wie auch Vorstellungen können durch Begriffe, wie sie sich aus der Struktur des Bewusstseins ergeben (Kategorien), beurteilt werden, wobei die meisten Urteile und Bewertungen auf Vorstellungen zurückgehen, die aus dem Gedächtnis stammen.

Ob damit das Phänomen der Wahrnehmung vollständig erfasst wird ist nicht beweisbar.

Während die Wahrnehmung als Bewusstseinsinhalt in unsern Anschauungsraum eingefügt ist und aus vielen Sinnesqualitäten besteht, Objekte darstellt, bildet z.B. gleichzeitig optische, akustische und haptische, wird bei einer Vorstellung die den gleichen Objektbezug besitzen mag, nur eine Einwirkung des Zentralnervensystems angenommen.

Sie bildet keinen Teil der Erscheinung der Aussenwelt, ist ein rein psychisches Phänomen, das indessen nicht aus dem Kausalnexus der Natur losgelöst ist.

Gebilde, die Unterscheidung von Wahrnehmung und Vorstellung ist für die Erkenntnis der Funktion des Gedächtnisses unentbehrlich.

Nimmt man an, es geben keine Vorstellungen, sondern nur aufeinanderfolgende Wahrnehmungen die im Gedächtnis erhalten bleiben, so wäre die Vergangenheit so plastisch gegeben wie die Gegenwart und von dieser nicht zu unterscheiden.

Vergangene wiederauflebende Wahrnehmungen müssten die Gegenwärtigen oft überdecken, man würde längst abgerissene Gebäude auf einem unüberbauten Gelände erblicken und verstorbene Menschen sehen und sprechen hören.

Alle Pseudowahrnehmungen Schizophrener würden somit zur normalen Alltäglichkeit und eine Erkenntnis des Gegenwärtigen verhindern. Die gegenwärtige Wahrnehnungswelt wäre so mit anderen Wahrnehmungen durchsetzt, dass sie das Verhalten nicht mehr bestimmen könnte. Man wüsste nicht, welche Wahrnehmung zweckmässig sei.

Beim Übergang von Wahrnehmungen in Vorstellungen, die bewusst bleiben oder latent werden, also aus dem Gedächtnis verschwinden, aber wieder bewusst werden können, verlieren unzählige ihre Eigenschaft, Bestandteil der Erscheinungswelt zu sein, behalten aber in abgeschwächter Weise ihren Inhalt, ohne die Wahrnehmungswelt zu stören.

Das Gedächtnis ermöglicht ein Kommen und Gehen von Wahrnehmungen und Vorstellungen im Bewusstsein, wo jeweilen nur eine sehr beschränkte Zahl von Erscheinungen vorhanden sein können und von der Aufmerksamkeit formell und inhaltlich erfasst werden.

Bei der Betrachtung einer Landschaft wandert der Blick von der Nähe in die Ferne, von der Mitte zu den Grenzen, um in perspektivischer Sicht sich in grossen Zügen das Charakteristische anzueignen, vielleicht auch Einzelheiten einzuprägen.

Von diesen unzähligen mehr oder weniger klaren Bestandteilen des Wahrnehmungsbildes wird gewöhnlich nur ein bescheidener Teil als latente Vorstellung aufbewahrt.

Indessen wird ein Wahrnehmungsbild auch von Vorstellungen, die aus dem Gedächtnis stammen, begleitet.

Da bei Vorstellungen die physikalischen Reize der Aussenwelt abklingen, bedarf es anderer Ursachen, um sie wieder bewusst werden zu lassen, sofern nicht die Objekte, auf die sie sich beziehen, in der Wahrnehmungswelt wieder erscheinen.

Das Wiedererkennen entsteht beim Zusammentreffen von Wahrnehmungen und Gedächtnisvorstellungen, die sich auf die gleichen oder gleichartige Objekte beziehen.

Wahrnehmungen, die im Gedächtnis erhalten werden sollen, dürfen nicht mit der gleichen sinnlichen Eindruckskraft, wie sie die gegenwärtige Wahrnehmungswelt aufweist, ins Bewusstsein treten, da sonst Erkenntnis und Wirkungsmöglichkeit verfälscht würden, indem sie nicht mehr als Vergangenheit, sondern als Gegenwart erfahren würden.

Dies bedingt eine Umwandlung der Wahrnehmung in eine Vorstellung eine starke Abschwächung, das Hineingleiten in ein Vorstellungsgebilde, damit dieses bewusster oder latenter Bestandteil des Gedächtnisses wird.

Dieser Wandel ermöglicht eine geordnete Erscheinungswelt in der ein Kausalzusammenhang erkennbar wird, eine Welt, in der Vergangenes nicht als Schemen wieder erscheint.

Die aus dem Gedächtnis stammenden Vorstellungen gestatten nützliche Eingriffe in die gegenwärtige Wahrnehmungswelt; sie sind gleich wie Wahrnehmungen die Ursache für Bewegungen, für Sprechen, Singen, Schreien.

Ändert sich die Wahrnehmungswelt oder der menschliche Körper, ist das Bewusstwerden latenter Vorstellungen wesentlich, da sich aus gegenwärtigen Wahrnehmungen allein meistens kein zweckmässiges Verhalten ergäbe ohne die früheren Erfahrungen, wie sie als Vorstellungen und Urteile der mannigfaltigsten Art im Gedächtnis bewahrt werden.

Das Zusammenwirken von Wahrnehmungen und bewusstwerdender latenter Vorstellungen und Urteile bilden ein *bewegliches System* das eine Auswahl aus zahlreichen Eindrücken und Vorstellungen ermöglicht, womit die Grundlage für die Erfahrung d.h. zweckmässige Urteile, Bewertungen und Verhaltensweisen geschaffen wird. Ein Vortrag bewirkt bei grosser Konzentration des Redners das Wiederbewusstwerden zahlreicher erlernter Vorstellungen und Urteile. (Konzentration ist eine auf bestimmte Objekte bezogene und sich beschränkende Bewusstseinslage.)

Urteile über Wahrnehmungen werden mit Hilfe konkreter oder allgemeiner Begriffe gefällt; diese stammen aus dem Gedächtnis, auch wenn es sehr einfache Gebilde sind.

Wahrnehmungen sind gewöhnlich mit Vorstellungen verknüpft (man spricht von Gedächtnisspuren), die sich zu Urteilen und Wertungen fügen über im Bewusstsein vorgestellte Objekte.

Es bildet sich ein beständiges, zusammenhängendes Verhältnis und Wechselspiel zwischen gegenwärtigen, vergangenen und allgemeinen Bewusstseinsinhalten.

Hiezu kommt das Wiederaufleben von Bestrebungen, Gefühlen, Trieben, das Erleiden von Schmerzen, Freuden und Lüsten.

Wahrnehmungen sind von *Gefühlen* begleitet. Würden diese Gefühle alle das gegenwärtige Bewusstsein erfüllen, würde der Mensch gleichzeitig die mannigfaltigsten, miteinander vereinbaren oder einander entgegengesetzten Gefühle erleben, was ein zweckmässiges Verhalten völlig ausschlösse.

Die Erinnerung an ein Gefühl ist indessen wie die Erinnerung an eine Wahrnehmung abgeschwächt, ohne die Intensität des erlebten, ursprünglichen Gefühls.

Der Objektbezug

Wahrnehmungen, Vorstellungen, Gefühle sind gewöhnlich nicht isolierte Gebilde, sondern auf Gegenstände oder Vorgänge ausgerichtet, d.h. auf gestaltete oder zu gestaltende Einheiten, die eine Mannigfaltigkeit umfassen, so z.B. einen Menschen, ein Haus die man nur teilweise und nicht gleichzeitig von allen Seiten wahrnehmen kann.

Man nimmt oft eine intentionale Beziehung als der Wahrnehmung innewohnend an.

Nach andern Theorien sind sie Abbilder oder Abschattungen der wirklichen Gegenstände, oder werden diese von einem transzendentalen Bewusstsein gezeugt.

Die Vielfalt der Erscheinungen erfordert eine Ordnung. Als Ordnungselemente dienen der dreidimensionale Raum und die dreigeteilte eindimensionale Zeit, zahlreiche Qualitäten (Optik, Haptik, Akustik usw.) ein System von Farben, Bewertungen nach Gefühlen und polaren Wertgebilden.

In- und Umwelt sind in der mannigfaltigsten Weise ausgestaltet. Sie unterscheiden sich bei Mensch und Tier durch ihre Ordnungselemente.

Sowohl die Raumgestaltung als die Qualitäten sind auch bei den einzelnen Menschen verschieden, da die Organe der Anschauung ungleich entwickelt und ausgebildet sind und auch nach ihrer Intensität sehr voneinander abweichen.

Bei vielen Menschen überwiegt das Sehen (Leonardo: l'occhio è il signore dei sensi) bei andern das Hören, zahlreiche Tiere orientieren sich am Geruch der Umwelt. Die Bedürfnisse der Lebewesen erfordern zwingend, dass ihre *Umwelt geordnet* ist, die Einheiten der Wahrnehmung sich voneinander abheben, nützliche und schädliche Erscheinungen, gefährliche und harmlose erkennbar sind.

Dies bedingt die Bildung von Objekten, seien sie selbständig oder an ihre Umgebung gebunden.

Die Abgrenzung dieser Gegenstände und Vorgänge als statische und bewegliche Erscheinungen und deren Funktion für das erkennende Subjekt wären ohne Gedächtnis nutz- und zwecklos, da sie in kürzester Zeit vergessen würden.

Dabei handelt es sich um zahlreiche Vorkommnisse, unterliegen doch die Wahrnehmungsobjekte sowohl in ihrem Inhalt wie ihren Grenzen oft einem steten Wandel; sie wechseln nicht nur in ihrem Aussehen, sondern auch in ihrer Funktion. (weder Fleisch noch Früchte sind jederzeit und für die gleichen Lebewesen verzehrbar). Die Objekte der Wahrnehmung müssen wieder erkannt werden können, da sie sonst fragwürdig wären.

Der Objektbezug als Erkenntnis der Identität einer Sache erfordert sehr häufig die Erkenntnis von Zusammenhängen.

Wo er fehlt bleibt ein abstraktes Gebilde der Wahrnehmung übrig, vieldeutig und unbestimmt.

Auch dieses ist ohne Gedächtnis nur ephemer, ohne Wirkung für das Verhalten des Subjektes.

Allgemeingültige Urteile haben den gleichen Objektbezug, entweder sind sie auf gleiche Objekte oder das gleiche Objekt ausgerichtet.

Wie könnte man derartige Urteile fällen, wenn die empirisch gegebenen Objekte sofort aus dem Bewusstsein entschwänden oder die idealen Gegenstände nicht als solche wiedererkannt würden. Dies stimmt mit der Erkenntnistheorie Kants überein, wonach die Wahrnehmung aus drei Akten besteht der Apprehension, der Apperzeption und der Rekognition ihres Gegenstandes, d.h. des Innewerdens, des Erfassens und des Wiedererkennens.

Ohne Gedächtnis sind wissenschaftliche und technische Konstruktionen nicht möglich, weil der Zusammenhang der einzelnen aufeinander folgenden Teile, wenn er überhaupt entstände, sofort wieder verloren ginge.

Eine Identität von Gegenständen oder Personen liesse sich nicht mehr feststellen.

Der Objektbezug ist nur klar und eindeutig, wenn viele Einzelheiten der Erinnerung sich mit dem wahrgenommenen Objekt decken. Je abstrakter eine Vorstellung ist, desto abstrakter auch der Bezug auf das dazugehörige Objekt.

Vielfach findet eine Übertragung statt indem eine Wahrnehmung einem andern Objekt zugeschrieben wird, als auf das intendierte.

Wandersagen übernehmen eine bestimmte Figur aus einem fremden Kulturkreis in den eigenen. Sehr oft wird über den Primat einer Entdeckung oder Erfindung gestritten, also ein Nachahmer für den Erfinder gehalten.

Hier beziehen sich Vorstellungen auf ein unrichtiges Subjekt weil der wahre Zusammenhang unbekannt war oder vergessen wurde. Der Ausspruch "der Narr blässt ein, der Weise spricht" gibt diesen Sachverhalt treffend wieder.

Der Bezug auf Subjekte und Objekte verschiebt sich häufig in der Erinnerung des Einzelnen wie der Völker, also sehr vieler. So werden die Lehren der Urheber grosser Religionen im Gedächtnis ihrer Anhänger und Gemeinden verändert und oft ins Unwirkliche gesteigert.

Die Autonomie des Gedächtnisses

Das Gedächtnis ist weitgehend autonom.

Unzählige Wahrnehmungen bilden eine Auswahl aus den umfassenden Erscheinungen der Umwelt, sie gleiten ins Unterbewusste oder ins Unbewusste, ohne dass man dessen gewahr wird. (wie auch der weitaus grösste Teil der Vorgänge unseres Körpers unbewusst geschieht. Wachstum, Kreislauf, Zellwechsel, Blutbildung, Hormonausschüttung, Puls, Peristaltik usw.).

Ein Teil der Vorstellungen wird wieder bewusst oder führt zur Wiedererkenntnis eines Gegenstandes oder zur Erzeugung einer Bewegung oder eines Lautes.

Problematisch sind jedoch die *Gesetzmässigkeiten*, nach denen eine latente Vorstellung wieder bewusst wird, eine Handlung motiviert oder zum Wiedererkennen führt.

Die Erfahrung erweist, dass die *Wiederholungen* von Bewegungen eigener und fremder Körper zur Erhaltung im Gedächtnis und zur Wiedererkennung dient und eine zweckmässige Reproduktion ermöglicht.

Die Erlernung einer Sprache geschieht durch zahlreiche Wiederholungen ihrer Laute, Ausdrücke, ihrer Schriftzeichen, der Verbindung und des Zusammenhanges ihrer Elemente.

Unsere Umgebung wird zu einer konstanten Erinnerung, da die auf sie bezogenen Wahrnehmungen immer wiederkehren, trotz der Änderungen des Lichtes und des Farbwechsels, vieler erkennbarer und unmerklicher Änderungen, in einem Rahmen, einer zusammenhängenden Raum- und Sachvorstellung.

Sind Wahrnehmungen geordnete Gebilde des Bewusstseins, fügt sich auch die Gedächtnisvorstellung in diese Ordnung ein. Der weitaus grösste Teil der Wiederholungen erfolgt unwillkürlich, nur weniges beruht auf Willkür.

Die Wiederholung von Wahrnehmungen kann geradezu *"mechanisch"* vor sich gehen, wie auch ein Kind bisweilen ein Gedicht wiederholt, indem es Wörter von sich gibt, ohne den Inhalt zu verstehen. Ein Solist, Musiker wiederholt seine Konzertstücke oft hundert bis zweihundertmal, sodass das Gedächtnis in Verbindung mit dem motorischen Nervensystem die Musik ohne Noten reproduziert, allerdings bei einer bewusst-unbewussten Konzentration. Auch sind die gewöhnlichen Bewegungen beim Gehen meistens nur halbbewusst.

Beim *funktionellen* Gedächtnis wird aus formellen oder materiellen Zusammenhängen ein Sachverhalt abgeleitet, z.B. aus einer Infektionskrankheit auf einen Erreger geschlossen, die Kenntnis mathematischer Formeln, auf eine bestimmte Begabung. Überhaupt wird jedes Vorkommnis im Zusammenhang mit seiner Folge, seinem Zweck oder Wert erfasst.

Es besteht nicht eine Zusammenreihung von Bewegungen, Vorgängen, sondern die Erkenntnis der Faktoren und Elemente die den Zusammenhang bilden und die Fähigkeit, diese oft aus Wahrnehmungen und Gedächtnisvorstellungen zusammengesetzten Erscheinungen wieder zu reproduzieren.

Beide Gedächtnisarten sind bisweilen miteinander verbunden, wenn sprachliche Prozesse mit der Erfassung von Wahrnehmungen auftreten, also aus dem Gedächtnis stammende Akte, welche die Wahrnehmungswelt beeinflussen auf Grund der Tätigkeit motorischer Nerven.

Die Autonomie des Gedächtnisses zeigt sich – meistens ungewollt – und ungewünscht beim *Vergessen* von Wahrnehmungen, Vorstellungen, Urteilen, Gefühlen und Bestrebungen, überhaupt bei unzähligen Bewusstseinsinhalten und Handlungen.

So verlieren sich alle Erinnerungen an die erste Kindheitszeit bis zum 3. oder 4. Lebensjahr, ohne dass sich dies ändern liesse. Auch in den übrigen Lebensperioden, besonders im Alter, entschwinden unzähligen Vorstellungen aus dem Gedächtnis, sei es wegen ihrer Bedeutungslosigkeit für den Einzelnen oder der Schwäche der ursprünglichen Wahrnehmungen oder ihrer Unvereinbarkeit mit der Entwicklung des Subjektes und wegen des Verlustes von Hirnzellen.

Indessen bleiben Erinnerungen im Gedächtnis die der Einzelne oft lieber nicht mehr besässe, die aber immer wieder auftreten und als Akte des Gewissens und der Reue den Menschen erschüttern und jeder Unterdrückung widerstehen. Man denke an Dostojewskis Raskolnikow, an Mussorgkskis Boris Godunow, Shakespeares Macbeth und viele als Heilige verehrte Büsser.

Das Gedächtnis setzt zuweilen aus entgegen allen Interessen des Subjektes, so in peinlichen Situationen, bei Prüfungen oder beim Versuch ein Verhalten zu rechtfertigen.

Gesetzmässig wird im Alter zuerst das Namengedächtnis geschwächt, sodann das Frischgedächtnis, wogegen das Altgedächtnis noch lange erhalten bleibt, weshalb sich alte Menschen noch gut an ihre Jugendzeit erinnern, die Alltäg-

lichkeiten der Gegenwart sehr rasch, oft augenblicklich vergessen.
Dies dürfte sich daraus u.a. ergeben, weil frühe Erinnerungen oft wieder bewusst also wiederholt werden.
Vorstellungsinhalte, die im Gedächtnis gespeichert sind, werden wieder bewusst wenn sie häufig durch ähnliche Reize z.B. Wörter geweckt worden sind, insbesondere beim Lernprozess. Dieser wird manchmal nicht direkt durch das Gedächtnis in Bewegung gesetzt, sondern durch bewusste Bestrebungen des Menschen. Es findet dann eine Assoziation statt des Vorstellungsinhaltes mit den neuen Wahrnehmungen (ebenfalls Wort- oder Satzgebilde). Auch gegensätzliche Gebilde bieten Anlass zu Assoziationen. (Himmel – Hölle)
Das eigene Reizwort oder das von einem Dritten gesprochene gibt den Impuls für die Assoziation mit der bewusst gewordenen Gedächtnisvorstellung.
Es kann von aussen stammen, sich aber auch aus einem Selbstgespräch ergeben.
Die Wiederholung latenter Gedächtnisvorstellungen durch Reizwörter im Experiment oder im Alltag, wo sie den Charakter der Frage besitzen, widerspricht im Grund der Autonomie des Gedächtnisses nicht, denn dieses bestimmt was von zahlreichen Vorstellungen bewusst wird und sich mit dem Reizwort verbindet oder schöner gesagt verassoziiert.
Zeitliche oder räumliche Übereinstimmungen oder Kontraste, Gleichheiten und Ähnlichkeiten verbinden sich oft mit grösserer Wahrscheinlichkeit mit Gestalten und Farben, Bewertungen und Gefühlen der Gedächtnisvorstellungen, dem Reizwort oder der vorgegebenen Frage zu einem sinnvollen Gebilde.
Die Methode Freuds, den Patienten zu veranlassen auf ein Reizwort sofort eine oder mehrere Vorstellungen aus dem Gedächtnis zu reproduzieren ist ein mechanischer Vorgang, da der Versuchsperson keine Zeit zur Überle-

gung gegeben wird und sich eine Menge von Vorstellungen einfinden können, die mit dem Reizwort nichts zu tun haben, vielleicht jedoch die Vorstellungswelt des Patienten charakterisieren, da dieser eine erhebliche Bereitschaft oder Neigung besitzt sexuelle Vorstellungen und Wünsche auszudrücken oder ein Geltungsbedürfnis zu befriedigen.

Immerhin kann man die interessierenden Gedächtnisvorstellungen auffinden, wenn man zahlreiche aus dem Gedächtnis stammende Vorstellungen aneinander reiht.

Auch *Blockierungen und Sperrungen* des Gedächtnisses sind gewöhnlich dem Willen entzogen und sehr peinlich.

Dies kann viele Gründe haben. Ein Wort oder ein Satz kann verpönt sein oder mit einem verpönten Tatbestand zusammenhängen, oder beim Gesprächspartner oder in einer Versammlung missbelieben.

Vielleicht befremdet eine Assoziation, vielleicht stockt der Ablauf des Gesprächs oder einer Rede infolge der Unsicherheit der Selbstbewertung des Redners, auch aus Angst oder dem Gefühl nicht verstanden zu werden.

Der Mangel an Selbstvertrauen mag, wie beim Stotterer, den freien Ausdruck der Gedanken oder Gefühle in der Öffentlichkeit hemmen.

Mehrdeutigkeiten und halbbewusste Ängste vor einer Blamage erregen das Gefühl nicht ernst genommen zu werden.

Widersprüche in den Überzeugungen eines Redners, vielleicht auch das Gefühl eine falsche Rolle zu spielen und vieles andere, was das Ansehen schmälert, bringt einen freien Vortrag zum Stocken oder verursacht bei einer freien Rede stolpernde Fehlleistungen.

Sie bewirken den Ausfall von Erinnerungen oder einen Stillstand des Gedächtnisses.

Die Störung des Ablaufs der Wort- und Satzfolgen aus dem Gedächtnis betrifft den Prozess des Bewusstseins latenter Vorstellungen und Gedanken und ihre Wiedergabe.

Störungen des Bewusstwerdens von Gedächtnisinhalten werden gewöhnlich nicht durch bewusste Vorstellungen und Gefühle bedingt. Gegenüber den zahlreichen reibungslos stattfindenden Erinnerungen bilden sie die Ausnahme. So ist die Zahl der Stotterer verhältnismässig gering, wenngleich nicht unbeachtlich.

Ein grosser Teil des Volkes könnte indessen keine Reden halten. Die Eigengesetzlichkeit betrifft im Allgemeinen die Funktion des Bewahrens von Bewusstseinsinhalten, die Reproduktion als Grundlage des Wiedererkennens und des Handelns.

Dabei können sich Störungen durch Mängel bei der Ausübung der Tätigkeit des Gedächtnisses ergeben (wie häufig bei Geisteskranken), andere gehen vom Bewusstseinsinhalt aus, wobei manchmal unübersehbare Prozesse auftreten, wie aus den Kombinationen der Tiefenpsychologie hervorgeht.

Die Störung des Reproduktionsvorganges ist häufig durch körperliche und seelische Vor-Ursachen bedingt.

Ein Ermüdeter erinnert sich schlecht, ein Betrunkener garnicht, ein Fiebernder besitzt nur vage Erinnerungen, obschon sie reine Phantasien sind, Schizophrene hören Stimmen, eine Wahnidee unterscheidet sich nicht von einer echten Wahrnehmung.

Im Delirium Tremens sieht der Trinker in typischer Weise weisse Mäuse.

Täuschungen des Gedächtnisses

Viele Täuschungen beruhen auf der Verschwommenheit der wahrgenommenen Objekte, dem mangelnden Verständnis eines gelesenen Textes oder eines gehörten Vortrages, zu vieler Einzelheiten eines Wahrnehmungsbildes, der Unordnung einer Anschauung und der Überhäufung mit neuen Eindrücken.

Wahrnehmungsinhalte werden oft in eine andere Umgebung verlegt vom Gedächtnis, Aussprüche schreibt man zuweilen andern zu, Ereignisse ersetzt man zeitlich falsch.

Nicht sehr viele Menschen sind gute Beobachter.

Frauen orientieren sich an den Farben, Männer an den Leitlinien einer Landschaft.

Gleichartige Gegenstände unterscheidet man schwer voneinander, charakteristische oft vorkommende Momente gleichen einander so sehr, dass eine eindeutige Zuordnung missglückt.

Ein menschliches Gesicht ändert sich öfters schon im Laufe des Tages, es gleicht vielen anders und wird je nach dem Blickünkt verwechselt.

Man kann von der *Gesetzlichkeit* ausgehen, dass das Gedächtnisbild viel weniger Einzelheiten enthält als das Wahrnehmungsbild, also abstrakter ist und unvergleichlich weniger prägnant, gewöhnlich wenig Eigenschaften von seiner Umgebung aufweist, kaum vervollkommnet werden kann und oft durch andere wahrgenommene und durch das Gedächtnis vorgestellte Bilder verändert wird.

Umgebung und Hintergrund, Licht und Finsternis beeinträchtigen oft ein Gedächtnisbild, sodass ein Wiedererkennen früherer Wahrnehmungen schwer fällt.

Dies alles erleichtert Täuschungen des Gedächtnisses.

So gut ein Wahrnehmungsbild verändert werden kann, begrenzt, erweitert, mit andern verbunden, kann auch das Gedächtnisbild, die Gedächtnisvorstellung bei der Reproduktion oder beim Wiedererkennen analysiert werden.

Erinnert man sich an ein Haus, kann man sich auf die Frontseite, auf das Dach, Türen und Fenster oder auf den Garten konzentrieren, aus einem erlernten Gedicht bestimmte Strophen wiederholen, eine Wahrnehmung mit einer Erinnerung vergleivhen z.B. die Peterskirche mit dem Lateran.

Ob ich dies tue hängt davon ab, ob mir dies *einfällt*, es sei denn ich vergleiche diese Objekte regelmässig, wiederhole also diese Vergleiche ohne irgendwelche Hemmnisse.

Beherrschbarkeit des Gedächtnisses?

Die Sprache wird in der Jugend als Muttersprache erlernt. Sie passt sich der jeweiligen Lage an wo ein Gesprächspartner zugegen ist, gleichgültig, wer das erste Wort äussert.

Die Möglichkeiten, *sofort* auf eine Frage zu antworten, auf das Gesprächsthema des Partners einzugehen, überhaupt ohne Vorbereitung ein sinnvolles Gespräch zu führen, wozu eine grosse Zahl von Kombinationen erforderlich ist, kann man mit der Leistung eines Computers vergleichen.

Das Gedächtnis reproduziert fortwährend latente Vorstellungen, sinnvolle Reproduktionen, es ist das wichtigste Organ für das Geistesleben. Es entlässt aus dem Wortschatz die geeigneten, zu Urteilen geformten Wörter, wobei für die Auswahl, weitgehend unbewusst, zahlreiche Faktoren entscheiden: Ort, Zeit, Bestrebungen, Affekte, der laute oder leise, rasche oder träge Redefluss.

Jede Wahrnehmung erweckt auch Vorstellungen und Bewertungen, die aus dem Gedächtnis stammen und oft in einem sprachlichen Ausdruck wiedergegeben werden.

Kann man das Gedächtnis zwingen, die passenden Urteile und latenten Bewusstseinsinhalte zu reproduzieren?

Kann man verhindern, dass unpassende Urteile ausgesprochen werden? Das erste ist einigermassen möglich durch Erweckung von Assoziationen, oft durch stilles Nachsinnen und Vergegenwärtigen bestimmter Lagen, vor allem durch Auswendiglernen, also üben wie es Schauspieler oder Solisten tun müssen.

Das zweite geschieht bei einer Rolle, die bestimmte Handlungen gebietet oder verbietet.

Durch die Erziehung werden Verhaltensweisen zu Gewohnheiten, ein Wohlerzogener flucht nicht, erzählt keine grobsexuellen Witze, führt sich gesittet auf, stiehlt und betrügt nicht und unterdrückt widerliche Gedanken und peinliche Vorgänge.

Freud nimmt an, der sexuelle Charakter von Träumen werde durch eine Zensur getarnt mit Hilfe von Symbolen, welche sexuelle Gegenstände und Vorgänge verharmlosen.

Eine derartige Zensur übt für das bewusste Leben die Rolle aus, die der Mensch allgemein oder in seinem Alltagsleben spielt. Diese ist mit zahlreichen Gewohnheiten und andern erwarteten Verhaltensweisen verbunden.

Während Kleinkinder zum Entzücken ihrer Mütter schrille Schreie ausstossen, sich hemmungslos benehmen, erfordert die Rolle des Erwachsenen ein nach der Gesellschaftsordnung übliches Verhalten. Der religiös oder ethisch denkende Mensch auferlegt sich bestimmte Regeln die ihm bei seinem Handeln wieder bewusst werden und sich mit verbotenem auseinandersetzen.

In der *Religion* wird durch Exerzitien und die tägliche Gewissenserforschung die zum entscheidenden Bewusstseinsinhalt werden, die Reproduktion sündhafter Vorstellungen gehemmt.

Das Verhalten des Einzelnen, seine Wertungen und Bestrebungen werden in einen Zusammenhang gebracht mit dem Tode Christi am Kreuz; dieser wurde durch die Sündhaftigkeit der Menschen notwendig verursacht.

Dies prägt auch das Gedächtnis, da der Massstab der Leiden des Gottessohnes weitgehend alles unterdrückt, was sündhaft ist, und in der Erinnerung vergessen lässt.

Anderseits unterdrückt ein Lebemann alles, was das Gedächtnis ihm zum Vorwurf macht.

Zwischen Gedächtnisvorstellungen die ein Verhalten motivieren und Vorstellungen, die es verhindern, findet eine beständige Auseinandersetzung statt.
Diese wird durch die Vorstellung von der Rolle, die der Mensch als solcher oder als Glied der Gesellschaft spielt, positiv oder negativ entschieden.

Beruf und Alltag

Die Erkenntnis der eigenen Wohn- oder Arbeitsstätte, des Weges zur Schule, Markt und Werkstatt, die Vorgänge auf der Strasse, die sich unzählige Male in ähnlicher Weise wiederholen und nur zum Teil durch die Aufmerksamkeit gelenkt werden, hinterlässt wenige Erinnerungen.
Zahlreiche Vorgänge ermöglichen gleichartige Bewegungen, die beinahe automatisch vor sich gehen, ohne sich dem Gedächtnis einzuprägen.
Die gleichen Wahrnehmungen und Bewusstseinsinhalte, die sich auf die gleichen Objekte beziehen, erzeugen Gedächtnisbilder die mit wahrgenommenen Objekten übereinstimmen.
Dies entspricht unsern Erfahrungen, gleich wie die Erinnerung an unsere Gewohnheiten unsere Sitten bestimmt.
Dies legt den Gedanken nahe, dass jeweilen bei Wiederholungen die gleichen für das Gedächtnis wesentlichen Faktoren, also wohl die gleichen Neuronen und Synapsen beim Reproduzieren und Wiedererkennen, dem Lenken von Bewegungen beteiligt sind.
Immerhin ist auch der gleichartigste Arbeitsvorgang oder die Wahrnehmung der gleichen Vorgänge, die Begehung der gleichen Strasse, keineswegs identisch, sondern mitbestimmt durch verschiedenartige Wahrnehmungen, Gedächtnisvorstellungen, Stimmungen, Gefühle die oft in rascher Folge auftreten.

Schlussbetrachtung

Das Gedächtnis bewirkt sehr zweckmässig die Reproduktion und das Wiedererkennen von Bewusstseinsinhalten mit ihrem Objekt. Dies gilt für das mechanische Gedächtnis, das nach vielen Wiederholungen die Wiedergabe eines Werkes der Kunst oder Technik ermöglicht, wie auch für das funktionelle Gedächtnis, da aus einem verstandesmässigen Zusammenhang die Reproduktion oder das Wiedererkennen aller Elemente herbeiführt.

Milliarden von Neuronen und Synapsen bergen einen Wortschatz von zehntausenden von Wörtern (die europäischen Sprachen weisen einen Wortschaftz von 120.000 bis 200.00 Wörtern auf) aus denen sich unermesslich viele Kombinationen ergeben; vermutlich sind es 5.000–10.000 Wörter. Der Wortschatz der Einzelnen ist sehr verschieden, Männer und Frauen bedienen sich nicht der gleichen Ausdrücke, jeder Beruf hat einen besonderen Wortschatz, einfachen Menschen stehen vielleicht 1.000 Wörter zur Verfügung, Gelehrten oder Künstlern das zehnfache, wobei in jedem Landesteil von Ort zu Ort der Wortschatz nicht zahlenmässig aber inhaltlich abweicht.

Dieser Wortschatz steht im Alltag dem Einzelnen für den Ausdruck seiner Anliegen und Bestrebungen oder bei der Kenntnisnahme solcher Ausdrücke unmittelbar zur Verfügung, ohne dass man (von wenigen Ausnahmen abgesehen) um die zutreffenden Wörter ringen oder danach suchen müsste.

Das Gedächtnis reagiert demnach nicht zufällig, sondern sehr sinnvoll im Einklang mit der Urteilsbildung.

Als *psychophysisches* Problem ist das Wirken des Gedächtnisses noch unabgeklärt. Zwar finden sich in dem dtv Taschenbuch von Frederic Vester über "Denken, Lernen, Vergessen" 1980, längere Ausführungen über das komplizierte System der Neuronen, Synapsen, Assoziationsfasern, Nervenfasern, welche Stromgeneratoren und Verstärker darstellen, den Schaltzentralen, den Verknüpfungen, Schaltern, der Signalübermittlung und Informationsspeicherung, von Transmitterstoffen und den biochemischen Säuren, anderseits bezeichnet er seine Ausführungen nicht als endgültig, sondern als erste Ansätze; wie die wichtigsten Kontaktstellen von unseren Gedanken gefunden würden, sei noch nicht vollständig abgeklärt, die Resonanz des Fasernetzes und der Neuronen werde von einem unbekannten Code gesteuert, 500.000.000.000 Synapsen sorgten für ein gezieltes Denken und Erinnern, die Gehirnvorgänge aber seien rätselhaft.

In einem Aufsatz von Martin Heisenberg in "Bild der Wissenschaft" 1981 Nr. 5, über Experimente am Gehirn der Taufliege Drosophyla, die sich auf die Genforschung abstützen, wird erklärt "wenn es je möglich sein sollte, Gehirne zu verstehen, dann einfach gebaute kleine, vielleicht Insektengehirne. Grosse Gehirne sind zu kompliziert".

Dazu kommt, dass sich das psychophysische Problem als solches bisher als unlösbar erwiesen hat.

Ferner besteht über den Sitz der bewussten Seelenvorgänge keine Einigkeit, nehmen doch viele Forscher an, am Entstehen und Bestand des Bewusstseins sei das ganze Gehirn beteiligt, andere finden, ein kleines Gebiet vom 1 cm^2 unterhalb des Hypothalamus sei für das Bewusstwerden massgebend, wieder andere (z.B. von Weizsäcker) beschränken den entscheidenden Teil des Gehirnes auf einen Punkt.

Auch die Lokalisation der psychischen Fähigkeiten im Gehirn ist noch umstritten, obschon z.B. das retikulare und das limbische System in zäher Arbeit bis in die Einzelheiten erforscht sind. Ob bei psychischen Vorgängen stets das ganze oder nur ein Teil der Gehirnrinde tätig wird, ist noch nicht ganz abgeklärt. Nach Vester S. 23 sind die lokalisierten, psychischen Eigenschaften Eingangskanäle der Wahrnehmungen; die Erinnerungen dagegen werden über das ganze Gehirn verstreut gespeichert. Für die Funktion der Sprache ist ein ausserordentlich kompliziertes und sinnvolles System notwendig.

Das Gedächtnis ist im Alltag wie im Recht oft von entscheidender Bedeutung.

Wer in einer automatischen Fabrik infolge eines Gedächtnisfehlers auf den falschen Knopf drückt, kann die gesamte in Gang befindliche Produktion vernichten.

Wer ein Rendez-vouz verfehlt, verspielt vielleicht sein Glück. Vielfach bestraft man noch (widersinnig) die unbewusste Fahrlässigkeit.

Bei diesem Problem zeigt sich, wie abhängig der Mensch ist, wie fraglich es ist, von einem freien Willen zu sprechen, wenn entscheidende Motive nicht bewusst werden, also die Entscheidung nicht beeinflussen können.

Weshalb ein Gedanke aus dem Unterbewusstsein aufsteigt und bewusst wird oder vergessen bleibt, wird nicht vom bewussten Wollen bestimmt, sondern von zahlreichen Motiven und Bewertungen die im Gedächtnis verborgen bleiben.

Es ist ein schicksalhaftes Geschehen.

III IRRTUM, TÄUSCHUNG, VERSTELLUNG, LIST

Allgemeine Betrachtung

Ausser bei den Protozoen ist ein Lebewesen mit Organen versehen die die Wahrnehmung der Umgebung ermöglichen, insbesondere Nahrung, Feinde und Beutetiere erkennen lassen, Fang und Verzehr der Beute, den Verdauungsprozess regeln und die Ausscheidung des Unverdaulichen bewirken.

Auf niederer Stufe besteht ein Nervensystem aus grundsätzlich gleichartigen Teilen oft als Netzwerk, bei einer höheren Entwicklung ist ein Zentralnervensystem ausgebildet das die Lebensvorgänge ordnet. Schon früh wird eine Auswahl getroffen unter den Nährstoffen und den Beutetieren in Bezug auf die Erlegung der Beute und die Ernährung. Hiezu braucht es eine Technik, wie man sie bei jeder Tierart feststellen kann. Der vom Erbgut der Chromosomen und Gene geschaffene Körper besitzt die erforderlichen Mittel für die Auswahl und Behandlung der erlegten Tiere. Die Eigenschaften der Nahrung und der Beute sind grundsätzlich der überlegenden Tierart "bekannt", indem Geruch und Geschmack sie als bekömmlich oder unerträglich erscheinen lassen.

Die Jungtiere werden oft von ihren Eltern angelernt.

Jedes Lebenwesen ist jedoch in irgend einer Weise dem Irrtum unterworfen, da seine Erkenntnisfähigkeit beschränkt ist. Unter Irrtum kann man ein falsches Urteil verstehen, das man für richtig hält, oder ein richtiges Urteil das man für falsch hält. Ebenso können Wahrnehmungen falsch interpretiert werden Vorstellungen und Werturteile falsch aufgefasst werden.

Der Irrtum ist eine Folge der Grenzen der Erkenntnis, der Beschränkung der Wahrnehmung auf das dem endlichen Subjekt notwendige, angemessene, für sein Verhalten verwertbare, muss doch aus den zahlreichen Eindrücken der Sinnesorgane eine Auswahl getroffen werden, die erst ein sinnvolles Handeln ermöglicht.

Die Erregung eines Irrtums ist ein Akt der Täuschung. Dieser Akt kann lediglich kausal sein, beim Menschen auch durch Fahrlässigkeit oder gar Vorsatz herbeigeführt werden. Häufig erfolgt er zur Bewirkung einer bestimmten, vom Täuschenden gewünschten oder gewollten Reaktion.

Die Verstellung ist eine Sonderart der Täuschung. Sie bezieht sich auf das Verhalten des Täuschenden, seine Umstände und seine Bestrebungen. Der sich Verstellende erweckt einen Eindruck, der der Wirklichkeit widerspricht und ein bestimmtes Verhalten des Getauschten abwehrt oder bewirkt.

Die List kann eine Täuschung zum Gegenstand haben aber auch die Schwäche eines andern Lebewesens ausnützen, ohne dieses zu täuschen.

Irrtum, Täuschung, Verstellung, List können nur bei Lebewesen vorkommen infolge der Trennung von Realität und Erkenntnis. Indessen kann *die unbelebte Natur* den Beobachter täuschen, wie die Geschichte der Naturwissenschaften erweist. Die konkreten Vorgänge und Gegenstände der Wahrnehmungswelt erwecken oft den Eindruck gleich oder gar identisch zu sein, wo die grössten Unterschiede bestehen, weil eine vollständige Erfassung aller einen Gegenstand bildenden Elemente nicht möglich ist. So täuscht ein Moor festen Boden vor, die Untiefen eines Gewässers sind nicht sichtbar, die Luft- oder Farbperspektiven täuschen über die Enfernung, der Boden kann brüchig sein ohne dass man dies bemerkt, ohne ihn zu betreten, und dergleichen mehr. Die Fata Morgana genannte Luftspiegelung hat häufig im Orient Karawanen irregeführt.

Im Reiche der Lebewesen finden sehr früh zwischen *Pflanzen und Tieren* Akte der Täuschung statt als Mittel die Pflanze zu schützen oder ihr zur Ernährung zu verhelfen. Vereinzelt verzehren Pilze herbeigelockte Insekten. Vor allem haben sich insektenfressende Blütenpflanzen entwickelt. Dabei wurden verschiedene Fangeinrichtungen ausgebildet. Beim Sonnentau (Drosera) besitzen die Blätter gestielte Köpfchendrüsen. Diese sondern einen klebrigen Schleim aus, auf dem die optisch angelockten Insekten wie auf einer Leimrute haften bleiben. Darauf überfluten die sich gegen das gefangene Insekt bewegenden Tentakeldrüsen dieses mit einem Sekret und die Drüsenzellen der gestielten Köpfchen scheiden Verdauungsfermente aus, wodurch die Eiweisskörper der Insekten in Aminosäurebestandteile gespalten und vom Pflanzenblatt aufgenommen werden. Andere Pflanzen besitzen Blätter die krug oder schlauchartige Zisternen aufweisen und nach dem Prinzip der Fallgruben funktionieren. So die Kannenpflanze (Nepenthes) und die Sarracenia und Darlingtonia Arten. Bei der Venusfliegenfalle (Dionaea muscipula) besitzt die Blattpflanze zwei in der Mitte mit einem Bewegungsscharnier versehene Klappen mit Randzähnen. Berührt ein anfliegendes Insekt eine von je drei auf jede Blatthälfte verteilte Sinnesborsten, so klappen die beiden Blatthälften zusammen und die Randzähne greifen zum Verschluss ineinander. Das Insekt wird in dem durch das Zusammenklappen der Blätter entstandenen Raum verdaut. Die Insekten liefern den Pflanzen eine zusätzliche Nahrung mit Aminosäuren. Fang und Verzehr der Insekten erfordern eine komplizierte aufeinander gerichtete Ordnung der Organe der Pflanzen. Diese täuscht durch Farben oder Düfte eine Futterstelle vor, womit das Insekt mit grösster Wahrscheinlichkeit zum Besuche der Pflanze veranlasst wird. Anderseits ist eine Fangeinrichtung aufgebaut, welche das Insekt festhält oder einschliesst und weiter sind in der Falle Einrichtungen vorhanden zur Tötung und zum

Frasse des Beutetieres. Es ist alles vorbereitet für die Verwertung des Fanges und alles aufeinander abgestimmt. Da man annimmt, dass die Pflanzen kein Zentralnervensystem und kein Bewusstsein besitzen, anderseits auch bei Pflanzen ein Bauplan gegeben ist, liegt ein schwer deutbares Geschehen vor. Man muss wohl annehmen, dass organisch materielle Vorgänge mit nervenartigen Gebilden diese komplizierten Anlagen erschaffen haben und deren Funktion ermöglichen. Die Leistung der Gene die den Aufbau der auf Fang und Verzehr gerichteten Organe im Pflanzenkörper lenken, wobei das Verhalten fremder Lebewesen einbezogen ist, dürfte wohl ausserordentlich verwickelt sein und auf einer langen Vorgeschichte beruhen.

Das Entstehen eines derartigen Gebildes ist wohl schwerverständlich und tiefgründig.

Ein grosser Teil der Blütenpflanzen ist auf die Bestäubung durch Insekten oder auch durch Vögel (Kolibri) angewiesen.

Obschon diese Angiospermen die Insekten verlocken, ihre Blüten zu besuchen ist keine primäre Täuschung damit verbunden, da die Besucher den benötigten Fruchtzucker sich aneignen und durch die für die Befruchtung nötigen Pollen nicht wesentlich belastet werden. Die Täuschung über die ihnen zugedachte Rolle als Bestäuber ist für sie sekundär.

Die Früchte von Pflanzen welche Giftstoffe enthalten, täuschen oft essbare Früchte vor; so sind die Tollkirschen (Belladonna), die Einbeere (Paris quadrifolia), der Nachtschatten (Solanum nigrum), das Waldgeissblatt (Lonicera periclymenum) für den Verzehr sehr gefährlich. Das Gleiche gilt für die Samen der Kornrade (Agrostemma githago), der Wolfsmilch (Euphorbia lathyrs) und der Hundszunge (Cynoglossum officinale). Die Täuschung von Mensch und Tier ist hier bei den Früchten klar gegeben. Indessen ist nicht ohne weiteres zu erkennen, ob diese Giftpflanzen einen Nutzen aus der Vergiftung der Früchte,

Samen oder andere Bestandteile verzehrenden Lebewesen ziehen.

Brennhaare, wie sie die Brennessel und ihre tropischen Verwandten besitzen sind oft schwer zu erkennen, üben jedoch eine unangenehme, in den Tropen gefährliche Wirkung auf andere Lebenwesen aus. Es dürfte sich wohl um eine Schutzfunktion der Pflanze handeln.

Viel ausgedehnter sind *Täuschung und List im Tierleben*.

Eine Spinne webt ein für viele Insekten unsichtbares Netz, wobei sie sich in der Nebenwarte verbirgt bis das Insekt sich im Netz verfangen hat. Je nach der Grösse der Beute stürzt sie sich direkt auf das gefangene Lebewesen oder umgarnt sie es zuerst mit vielen Fäden, hierauf verletzt sie es und spritzt ein lähmendes Gift in die Wunden, am Ende zieht sie das umsponnene Tier wie mit einem Flaschenzug in ihren Körperbereich, um es auszusaugen. Die Täuschung des Insekts wird durch die Unsichtbarkeit des Spinnennetzes und die Verborgenheit der Spinne erzielt, da das Beutetier eine freie Flugbahn vorfindet weil seine Sinnesorgane auf die Falle nicht ansprechen. Die Falle ist auf eine von der Spinne nicht provozierte Aktion des Beutetieres angelegt.

Viele Tiere verstecken sich in Löchern, Höhlen, im Blattwerk oder Laub, machen sich somit unsichtbar, um ihre Beutetier überraschen und töten oder verletzen zu können. (Mamba, Biber, Spinne, Zecke, Libellenlarve).

Viele Tiere heben sich durch die Farbe ihres Felles oder ihrer Haut nur wenig von ihrer Umwelt ab, was zur Täuschung ihrer Verfolger oder ihrer Beutetiere führt. Eine Mamba ist von einem grünen Blattwerk kaum zu unterscheiden, ein Eisbär im Eismeer oder auf eisbedecktem Land schwer zu erkennen. Krokodile und Kaimane sind meistens nur auf kurze Distanz im Wasser sichtbar. Ein insektenfressendes Chamäleon passt sich rasch seiner Umgebung an. Das wandelnde Blatt (Phyllium siccofolium) ist eine geflügelte Gespensterheuschrecke, die Blättern täuschend ähnelt. Mag die Farbe eines Tieres noch vielen andern Zwecken dienen, ist ihre Funktion andere Lebewesen zu täuschen sehr wesentlich, sei es zum Schutz oder zur Erleichterung der Erlegung der Beute.

Beim Mimikry trägt ein harmloses Tier z.B. ein Schmetterling Gestalt, Zeichnung und Farben eines gefährlichen Tieres, das den gleichen Verfolgern Angst einjagt. Ob indessen die Täuschung gelingt, dürfte unsicher sein.

Tintenfische (Sepia) versuchen, sich einem Angriff eines Raubfisches durch Verfärbung des Wassers zu entziehen. Sie verhindern oder erschweren die Sicht, was eine Täuschung über den Standort herbeiführt oder ermöglicht. Ebenso stösst die Tiefseegarnele, zur Vernebelung bei einem Angriff auf sie, grosse Schleimmassen aus. Eine andere Methode, seine Feinde vor einer Verfolgung abzuhalten besteht in der Totstellung. Diese ist bei vielen Käfern üblich, so bei der Schnurassel, dem Blattkäfer, dem Siebenpunkt (Coccinella), dem Schnellkäfer (Agriotes lineatus). Eine Reihe von Käfern verbreiten dabei widerliche Gerüche. (Blattkäfer, Ölkäfer, Laufkäfer, Raubkäfer, Ohrwürmer, Wanzen). Ihre Feinde werden dadurch nicht getäuscht, aber enttäuscht. Das Gleiche gilt für den Skunk, der durch ein übelriechendes Sekret seine Feinde vertreibt, da sie sich voll Ekel von ihm abwenden.

Ein erheblicher Teil von Tieren gehen in der Nacht auf die Jagd. Geckonen, Eulen, Fledermäuse, Nagetiere, Raubtiere sind mit Sinneswerkzeugen ausgestattet die ihnen ermöglichen Tagtiere welche in der Nacht schlafen, aufzustöbern, zu töten und zu fressen. Hier ist keine Täuschung gegeben, dagegen handeln sie mit List da sie die Schwäche der Tagtiere, die in der Nacht weitgehend ihre Kampfkraft einbüssen, ausnützen.

Vögel sind für viele Bodentiere, Mäuse, Frösche, Hasen, Rehe, Gemsen unsichtbar, wenn sie in der Luft kreisen bis sie auf ihre Beute herabstossen. Sie sind erfolgreich auf

Grund des in der Natur der Sache gegebenen Systems der List, das die Beutetiere infolge der Beschränktheit ihrer Sinneswahrnehmung an der Flucht hindert und ihnen den Tod bringt.

Eine häufige Methode der Täuschung besteht im Lauern auf die Beute oder im lautlosen Anschleichen, wie es viele Raubtiere üben. Man braucht nur eine Hauskatze zu beobachten, die sich dem Vogelfang widmet, um die raffinierte Art der Täuschung wahrzunehmen.

Dachse, Marder, Füchse, Schlangen schleichen sich lautlos an die Beutetiere an, um sie auf kürzeste Entfernung zu überfallen. Raubtiere springen ihre Opfer meistens hinterlistig auf der Rückseite an, wo das angegriffene Tier wehrlos ist. Reiher fischen oft bei Anbruch der Dämmerung, leise auf einem Gewässer schwimmend. Sie halten lediglich Hals und Kopf über Wasser. Fangen sie einen Fisch, so werfen sie diesen in die Luft mit einem Drehmoment von $90°$, sodass er senkrecht in ihren Rachen stürzt. Dies ist eine angeborene Technik, die Fang und Verzehr erleichtert. Die Vermeidung jeden Geräusches verhindert, dass die Beutetiere ihrer Feinde gewahr werden und fliehen, täuscht sie demnach über die Lage und Gefahr der Anwesenheit ihrer Widersacher in nächster Nähe.

Wie erfinderisch die Arten der Täuschung ausgestaltet sind ergibt sich aus den Verhältnissen bei der Libelle (Libelula quadrimaculata). Schon die Larve tarnt sich, indem sie mit Schlammteilen und Algen bedeckt wird und bei ihrer graugrünen Farbe wenig auffällt. Sie trägt unter der Brust ein Fangwerkzeug, das in Ruhestellung die Mundöffnung verdeckt als Unterlippe. Wasserinsekten, Kaulquappen und kleine Fische werden von diesem verdeckten Fangwerkzeug erfasst, das wie ein Taschenmesser vorklappt und eine gespreizte Zange aufweist. Eine Hydra besitzt Fangarme welche eingezogen werden können und mit vielen Höckerchen versehen sind, wobei jedes eine Nesselkapsel mit einem dornigen Tasthaar trägt. Wird dieses Tasthaar berührt, schnellt ein vorher eingestülptes Röhrlein hervor, bohrt sich in das Beutetier und giesst einen ätzenden Saft in die Wunde. Das Beutetier wird getäuscht, da ihm das eingestülpte Röhrlein verborgen ist. Die Gottesanbeterin (Mantis) eine Fangheuschrecke fängt im Gebüsche mit ihren Vorderbeinen Insekten, indem die herabhängenden Unterschenkel plötzlich wie eine Messerklinge herausklappen, das Beutetier ergreifen und durchlöchern und mit den Zähnen der Oberschenkel zum Munde führen. Vor allem aber tötet die Gottenanbeterin das Männchen, das sie begattet hat und zwar im Anschluss an die Begattung. Das Gleiche geschieht beim Nonnenmantel, einer Spinne. Während die zuerst genannten Tiere ihre Beute nicht anlocken, sondern warten bis diese in ihren Körperbereich gelangt, werden die zur Begattung erforderlichen Männchen zunächst zum Liebesakt veranlasst und darauf getötet und verzehrt. Nimmt man keine Täuschung an, ist ein listiges Verhalten gegeben, da das erschöpfte Männchen keinen wesentlichen Widerstand leisten kann. Eine Täuschung ist jedoch gegeben, wenn Glühwurmweibchen die Männchen anderer Glühwurmarten zur Begattung anlocken, sich indessen nicht begatten lassen, sondern die Männchen auffressen.

Verschiedene Säugetiere, z.B. wilde Hunde verbergen ihre Notdurft zur Verwischung ihrer Spuren. Sie verhindern oder erschweren damit eine Entdeckung durch ihre Feinde, täuschen somit diese indirekt, indem der Standort nicht bestimmt werden kann.

Auch Symbiosen können Täuschungen von Feinden eines mit einem andern Lebewesen zusammenwohnenden Tieres bewirken. So bietet der Kopfbrustpanzer vieler Krebse eine Wohnfläche für Epizoen. Oft wird der Krebs durch den Bewuchs mit Epizoen getarnt oder durch Nesseltiere geschützt. Feinde des Krebses werden getäuscht, da sie den in ihrer Nähe sich befindenden Krebs nicht wahrnehmen können. So trägt z.B. die Wollkrabbe (Dromia vulgaris) mit ihren auf dem Hinterrücken befindlichen Füssen einen roten Schwamm (Suberites) oder einen Seescheidenstock (Botryllus) womit sie der Wahrnehmung ihrer Feinde völlig entzogen wird, diese somit täuscht.

Täuschung, Verstellung, List sind in der Tierwelt durch den Bauplan und den Instikt bestimmt, sie werden selten duch Überlegungen gelenkt, sondern nach vorgebildeten oder angelernten Mustern verwirklicht.

Es sei hier noch ein Phänomen erwähnt (wie es in entgegengesetzter Weise bei der Täuschung von Lebenwesen vorkommt, so bei den fleischfressenden Pflanzen, die, das Verhalten der Beutetiere "berechnend" oder irgendwie "kennend", mit körperlichen Organen diese Lebenwesen einfangen, festhalten, vergiften und verzehren) nämlich die psychische Struktur von Tieren, die auf das Zusammenleben und Zusammenwirken mit identischen Artgenossen ausgerichtet ist und eine grosse Bedeutung besitzt.

So werden Herdentiere in ihrem Verhalten, entsprechend ihrer psychischen Struktur, durch Leittiere bestimmt, auch wenn es für sie verderblich ist.

Bei zahlreichen Insektenarten leben die Tiere in einer geregelten Gemeinschaft und wirken bei Ernährung, Behausung und Brutpflege zusammen.

Ameisen und Termiten bauen gemeinsam ihre Hügel auf; ihre Psyche ist auf ein soziales Verhalten gerichtet.

Die Existenz identischer Wesen ist eine Voraussetzung ihrer psychischen Bedürfnisse und nicht weniger wichtig als ihr individuelles Verhalten, ohne dass irgend eine Erfahrung eine Rolle spielen würde. (Der Ameisenstaat wird in den Werken von Favre, Forel und Weismann eingehend geschildert.) Er führt oft zur Kultivierung von Blattläusen als Parasiten.

Bei in Herden auftretenden Säugetiere übernehmen gewöhnlich ältere, erfahrene Tiere die Wächterrolle; es findet somit eine Art von Arbeitsteilung statt auf Grund psychischer Triebe.

Das Leben in Rudeln gibt den Tieren mehr Sicherheit und Macht.

Beim *Menschen* verändert sich die Lage, da die Instinkte als Ursachen für angeborene Verhaltensweisen sehr stark abgeschwächt sind und sein Bewusstsein an deren Stelle das Geschehen bestimmt, oder zu bestimmen scheint, wenn man es als Epiphaenomen materieller Prozesse deutet. Gegenüber der gesamten Tierwelt unterscheidet sich der Mensch durch sein ausgebildetes Sprach- und Denkvermögen. Er ist jedoch nicht nur der homo faber, er hat auch die Gabe sich gegenüber anderen Menschen und Lebewesen zu objektivieren, die ihrerseits als Subjekte psychischer Inhalte aufzufassen. Dem entspricht, dass er die gleiche Gesetzlichkeit für sich wie für den andern Menschen annimmt und empfindet, Sympathie und Antipathiegefühle besitzt und seine körperliche und geistige Einwirkung auf den Mitmenschen erkennt und dessen Reaktion in einem gewissen Grade ermessen kann. Ferner kommt ihm ein Einfühlungsvermögen zu, das nicht auf einer verstandesmässigen Grundlage beruht. Dies alles ist beim Problem der Verstellung von grösster Bedeutung.

Während Tiere, insbesondere auch Haustiere ihre Mimik nicht beherrschen, Schmerz, Angst, Freude und Erwartung unmittelbar zum Ausdruck bringen, ist der Mensch befähigt seinen Gesichtsausdruck weitgehend zu lenken, ausser in extremen Lagen z.B. bei grossem Schmerz. Er kann den Ausdruck seiner Gefühle unterdrücken, seinen Ärger, seine Wut oder auch ein Gelächter ersticken, anderseits Gefühle des Mitleids und der Trauer vortäuschen. Er richtet sich oft in seiner Miene nach den Erwartungen seiner Mitmenschen oder der üblichen Reaktion auf ein Gespräch oder ein Verhalten. Ebensosehr dient die Stimme oft zum Ausdruck des Mitleids oder der Freude, ohne dass ein derartiges Gefühl gegeben ist. Klang, Stärke, Höhe der Stimme, Klagen, Schreien, Heulen, Brüllen, Jubeln, eine rauhe oder stockende, eine säuselnde, abgehackte oder schnelle sich überschlagende Sprache, alle Arten des Singens können einer echten Gefühlslage entsprechen, oder Gefühle vortäuschen aber den Eindruck erwecken, echt zu sein. Was für die Mimik gilt, trifft auch für die übrigen Ausdrucksbewegungen zu, den Gang, das Spiel der Hände, die Stellung des Körpers und alle Bewegungen. Die Bestimmtheit des Auftretens lässt auf den Willen schliessen, andern zu imponieren oder sich durchzusetzen, obschon sie vielleicht eine grosse Angst verbirgt. Die Höflichkeit verdeckt häufig Gefühle der Missachtung, der Langeweile oder auch eine ablehnende oder widerstrebende Haltung. Sie kann natürlich auch eine Hilflosigkeit verdecken aber auch Gefühle des Mitleids und der Sympathie. Sie ist oft eine Notwendigkeit, weil viel Menschen die "Wahrheit" nicht ertragen. Im Gegensatz zum instinktiven Verhalten ist die durch Gefühle oder auch Triebe beim Menschen bestimmte Handlung nicht festgelegt, jedenfalls nicht offenkundig in ihrer kausalen Folge voraussehbar. Schon kleine Kinder sind sich der Möglichkeit bewusst, ihren Eltern eine Not vorzutäuschen indem sie lauthals schreien und die Aufmerksamkeit auf sich ziehen, um zur Geltung zu gelangen. In ausgeprägter Weise ist die Verstellung beim Schmeichler und Heuchler gegeben, der eine Zuneigung vortäuscht, um die Gunst eines andern zu erlangen. Sie setzt die Anfälligkeit des andern gegen Lob und Untertänigkeit voraus, doch ist die Reaktion des Mitmenschen nicht im voraus bestimmt, lediglich wahrscheinlich oder möglich oder nach vorausgegangenen Erfahrungen zu erwarten.

Anders als das Tier vermag der Mensch seinen Nächsten mit *bewusster Lüge* zu täuschen. Der Betrug ist in den meisten Strafgesetzen, nicht in allen, ein Verbrechen oder Vergehen, wenn er eine Vermögensschädigung bezweckt. Oft verlangt man ausser der Vermögensschädigung eines andern noch besondere Umstände, die Absicht der Bereicherung oder eine Urkundenfälschung oder die Nichterkennbarkeit der Lüge. Diese ist ein alltägliches Phänomen. Schon Kinder benützen sie um Unangenehmes von sich abzuhalten. Die Notlüge gilt als harmlos, da sie nachteilige, überflüssige oder peinliche Situationen vermeiden lässt, ohne einem andern zu schaden. Häufig muss der Arzt einem Patienten die Schwere der Krankheit verschweigen oder beschönigen, um unangemessene Reaktionen zu verhindern. Vor Gericht muss eine Partei angesichts der Beweislage manchmal Tatsachen bestreiten, also ableugnen, wider besseres Wissen, wenn sie ihr Recht wahren will. In der Politik gilt oft der Grundsatz, dass der Zweck die Mittel rechtfertige. Für viele Menschen sind Wahrheit und Lüge wertneutrale Begriffe. Sie erhalten ihren Wert nach den Zwecken, die man mit ihnen verfolgt.

Die Beschaffung der *Kleidung* und von Schmuck ist eine nur den Menschen angehende Aufgabe. In erster Linie schützt die Kleidung vor Kälte und Nässe, bisweilen vor Wärme, sie besitzt jedoch noch andere Funktionen, verdeckt körperliche Mängel, Wunden und kranke Körperteile. Schon in der Frühzeit hat man Rüstungen getragen welche den Kampfer als grösser erscheinen liessen; Insignien von Göttern bezweckten dem Gegner Furcht einzuflössen, täuschten eine Macht vor, die nicht bestanden hat. Heute sind schöne und teure Kleider sehr bedeutsam, da sie den Eindruck des Reichtums erwecken, besonders wenn gleichzeitig teurer Schmuck getragen wird. Dem Imponiergebaren vieler Tiere ist das Imponieren durch Prunk und Schmuck vieler Leute gleichzusetzen. Festliche Gewänder sind geeignet die menschliche Würde zu steigern und einen Eindruck des Höhern zu erwecken, entgegen der wirklichen Lage. Die Verstellung durch den Grundsatz "Kleider machen Leute" erfolgt manchmal unbewusst, häufig ist sie ein bewusstes Vorgehen zur Erreichung zweifelhafter Zwecke. Ein weisses Brautkleid erweckte den Eindruck der Virginität, die früher bei vielen Völkern für die Verehelichung unentbehrlich war.

Das instinktive Verhalten der Tiere beim Kampf um ihre Beute entspricht weitgehend dem Verhalten des Menschen gegenüber den Beutetieren. Der Jäger versteckt sich oder schleicht sich an, lauert, bis ihm ein Wildtier begegnet, das er erlegen möchte. Ebenso verhält sich der Fischer, der mit Angel, Netz und Reusen die Tiere täuscht, der Vogelfänger, der sich versteckt aber Leimruten und Netze auslegt, der Grosstierfänger der Fallgruben baut, der Wilderer der Falleisen benützt. Alle diese Methoden gebrauchen die Tarnung als Mittel das Beutetier zu erlegen, nachdem man es geködert hat oder verhinderte dass es eine Gefahr witterte. Man stellt auch dem Menschen Fallen, indem man sich eines agent provocateurs bedient, so zur Verbrechensbekämpfung, zur Überführung im Rauschgifthandel oder von Spionen. Anderseits locken Schwerverbrecher ihre Opfer oft in entlegene Gegenden oder an Orte, wo sie isoliert sind und keine Hilfsmöglichkeit besteht.

Bei kriegerischen Unternehmungen werden auch heute vielfach Methoden angewandt die den instinktmässigen Verhaltensweisen in der Tierwelt entsprechen, so das Anschleichen, sich Verbergen, die Tarnung von Mann und Waffe. Man sucht den Gegner irrezuführen durch Vortäuschung grosser Truppenmengen oder schwerer Waffen, was natürlich durch verstandesmässige Überlegungen bedingt ist. Typisch ist die Haltung der Partisanen, die zivile Kleider tragen, friedliche Absichten vortäuschen, ihre Waffen verbergen und aus dem Hinterhalt den Feind bekämpfen, entsprechend uralten Sitten, wie sie schon im Tierreich geübt wurden.

Eine häufig angewandte Methode der Verstellung bildet das tragen einer *Maske* mit der man sein Gesicht verbirgt. Viele Verbrechen werden von maskierten Personen begangen, die eine Wiedererkennung erschweren oder ausschliessen wollen. Bei Volksfesten dient die Maskerade oder Vermummung, die Verkleidung in Tiermasken der Verbergung der Person des Maskierten, oft zu spielerischen Zwecken mit einem erotischen Einschlag, oft hingegen handelt es sich um uraltes Brauchtum, da man in Felle wilder Tiere gekleidet deren Kraft und Fruchtbarkeit erlangt, den Mitmenschen beeindruckt, vielleicht auch abschreckt. Die Vermummung stärkt das Selbstvertrauen, identifiziert sich der Träger doch mit dem Tier, dessen Fell oder Waffen er besitzt. Die Verstellung kann den Gegnern Schrecken einjagen, vielleicht auch weil sie an vom Maskierten gewonnenen Kampf erinnert. In zivilisierterer Form trägt ein Kämpfer einen Panzer oder Helm mit göttlichen Emblemen, Schlangen oder einem eingegossenen Gorgonenhaupt, um sensible Menschen zu schrecken, da eine Verbindung mit einer Gottheit oder übermenschlichen Mächten vorgetäuscht wird, möglicherweise erfolgt die Täuschung unbewusst. Eine Sonderstellung nehmen die Masken der Schauspieler ein. Sowohl in Griechenland als auch in Rom und heute noch in Japan verbirgt der Schauspieler sein Gesicht hinter einer Maske. Diese gibt nicht eine Stimmung wieder, sondern kennzeichnet den Charakter der agierenden Person im Drama. Während der ohne Maske spielende Schauspieler den Charakter nur andeutungsweise angeben kann, seine Mimik beständig seiner Rolle anpasst, kann der maskierte Schauspieler nicht durch Veränderung seiner Mimik aber durch Haltung, Gang und Gestik sowie durch seine Stimme seinen Gedanken und Gefühlen Ausdruck verleihen. Dagegen gibt die Maske das Wesen des Dargestellten wieder, der in allen Situationen im Grunde genommen der Gleiche ist und bleibt. Ein Geizhals oder ein Neidischer oder ein Hämischer, ein kalter oder ein Gefühlloser spricht und handelt als solcher, auch wenn seine Worte und Gebärden nicht mit seinem Charakter im Einklang stehen, bestimmt doch sein Wesen das Geschehen. Die Maske verbirgt hier den Wandel der dem jeweiligen Geschehen angepassten Mimik, enthüllt dagegen das wahre Wesen des darzustellenden Menschen. Ihre Funktion ist demnach der allgemeinen Funktion der Maskierung entgegengesetzt. Göttermasken wiederum verbergen gewöhnlich das wahre Wesen der Gottheit, wohl auch ihre Gefühle. Eine allgemeine menschliche Haltung zeigt sich beim Verdecken des Gesichtes, wenn sich jemand schämt und nicht mehr gesehen werden will nach seinem Aussehen. Der reuige Verbrecher, der vom Schmerz Überwältigte, der Beschämte hält die Hände vor sein Antlitz, er will nicht erkannt werden, als der, der er ist. Er versteckt sich vor den Blicken der andern.

Eine besondere Rolle spielt die *Selbsttäuschung*.

Die Selbsttäuschung kann irgendwelche Vorgänge oder Gegenstände der Aussenwelt betreffen oder sich auch auf psychische Zusammenhänge beziehen. Niemand ist davor gefeit sich zu irren, unrichtige Wahrnehmungen zu machen, sich über die Reaktion der Mitwelt zu täuschen, falsche Werturteile zu fällen und falsche Konsequenzen zu ziehen. Davon zu unterscheiden ist die Täuschung über sich selbst, sein eigenes Wesen, seinen Charakter, seine Eigenschaften und Fähigkeiten, seine Stellung in der Gesellschaft. Da jedermann eine Rolle spielt, sich also in typischer Weise verhält und benimmt, sei es als Mensch oder als Arbeiter, Spieler oder Beter, hängt die Selbstbewertung weitgehend von seinen vielfältigen Rollen ab, die ihm zukommen. Diese Rollen aber werden von den Mitmenschen nach Ort und Zeit sehr verschieden beurteilt und bewertet. Die eigene Einschätzung seiner Rollen ist nicht nur wandelbar, sie stimmt mit der Wertschätzung der Mitmenschen oft wenig überein. Weder der abstrakte Wert, noch der konkrete Wert einer Rolle noch die Auffassung, wie diese Rollen gespielt werden sollen oder können, sind Allgemeingut, unterliegen meistens einer Kritik und sind abhängig von den Interessen kleiner oder grösserer Kreise, die das Kulturleben bestimmen. Sofern der Träger der Rolle sich nicht bescheidet, täuscht er sich über den Wert der Rolle, die die Mitwelt dieser beimisst.

Die Vorstellung, die man von sich hat, ist weitgehend geprägt von den in einer Gesellschaftsordnung herrschenden Idealen und Wertungen nach denen sich der Einzelne meistens richtet. Sie bilden auch den Massstab für die Bewertung des Innenlebens, richtiger gesagt *einen* Massstab, da in einer entwickelten Kultur unzählige Wertungen mit einander im Widerspruch stehen. Wer ohne Bezug auf seine Mitmenschen sich selbst bewertet, verhält sich irreal, da er keinen andern Massstab besitzt als sich selbst und die Mannigfaltigkeit des Lebens und seiner Probleme ausser Acht lässt. Keiner kann dauernd in der Vereinzelung leben. Muss er jedoch die Mitwelt in seine Selbstbewertung einbeziehen, so besteht die Schwierigkeit, das Verhalten der Mitmenschen und die Bedeutung ihrer Werke nach sehr unzulänglichen Kenntnissen seiner Eigenschaften und Motive zu beurteilen, ist doch der grösste Teil des Innenlebens eines Menschen für die andern nicht zugänglich, noch weniger als der sich selbst Bewertende sich selbst versteht in seinen letzten Zielsetzungen, wird doch das Selbstbewusstsein weitgehend durch die Auseinandersetzung mit den Mitmenschen erweckt und geformt. Bei diesem Prozess werden gewöhnlich negative Bewertungen aus dem Gedächtnis verdrängt und die Motive für ein anfechtbares Verhalten vor sich selbst getarnt. (Noch viel schwieriger ist die Bewertung des Mitmenschens, der nur zum Teil in seiner Eigenschaft als menschliches Wesen und erst recht in seinem besonderen Wesen der Fremdbewertung sich erschliesst.) Nur ein Bruchteil der Erfahrungen, Gedanken, Gefühle werden dem Nächsten vermittelt, wobei sich der Charakter und das Wesen eines Menschen z.T. gesetzmässig ändern und die Werte der Vergangenheit mit denen der Gegenwart oft nicht mehr übereinstimmen. Eine Selbstbewertung, die in allem und jedem mit den Tatsachen übereinstimmte ist unmöglich, sie unterliegt notgedrungen zu einem erheblichen Teil der Selbsttäuschung. Dies gilt umsomehr, als jeder sich selbst der Nächste ist. Für den Wissenschafter oder Künstler ist jedes Werk eines andern, das sein eigenes übertrifft, geeignet sein Selbstbewusstsein zu kränken und seine Selbstschätzung zu verkleinern und als falsch zu erweisen. Eine objektive Beurteilung seiner eigenen Subjektivität lässt sich beim Wandel aller Massstäbe und deren Ansprechbarkeit für den Einzelnen kaum annehmen, da die meisten Menschen sich eher über- als unterschätzen, ihre Werke infolge der Entwicklung der Kultur in ihrer Bedeutung vielen Schwankungen unterliegen, oft auf lange Zeit in Vergessenheit geraten. Viele haben sich zu ihren Lebzeiten für grosse Künstler gehalten (Vasari, Guido Reni) sind demnach einer Selbsttäuschung unterlegen und von der Nachwelt abgeschätzt worden. Ganze Generationen werden als Epigonen abgetan, nachdem sie jahrzehnte lang verherrlicht worden waren. Mancher erlebte noch seinen Sturz vor seinem Ende. Einer Selbsttäuschung erliegen zahlreiche Jugendliche bei ihrer Berufswahl, da sie ihre Begabung falsch einschätzen. Viele Leute halten sich für Christen, obschon sie vom Betrug ihrer Mitbürger leben. Selbsttäuschung und Selbsterkenntnis sind Gegenpole, oft gehen sie ineinander über.

Ein wichtiges von Hegel dargestelltes Problem stellt das Verhältnis des triebhaften, lustvollen Verhaltens zu den sich daraus ergebenden Folgen dar. Es ist eine List der "Natur" den Menschen zum Geschlechtsakt zu verlocken, damit die Fortpflanzung gesichert wird. Für das Bewusstsein des Menschen ist die Lust primär, für die "Natur" ein Mittel zum Zweck. Im Allgemeinen sind Triebe und Lüste ein Ziel des Erlebens aber erst im Zusammenhang mit den damit verbundenen leiblichen und seelischen Folgen verständlich. Sind sie doch an und für sich ausserordentlich differenziert. Im Gegensatz zur Lust ist der Schmerz kein erstrebtes Erlebnis, auch wenn die schmerzbedingten Handlungen nützlich sind. Würden Lust- und Unlustgefühle vertauscht bei gleichbleibenden Vorgängen oder Objekten auf die sie sich beziehen dann wäre ihre Kausalität oder die Kausalität, die diesen Gefühlsarten zugrunde liegt oder deren Epiphänomen sie bilden, konträr zu der normalen Verhaltensweise eines belebten Wesens. Man kann wohl annehmen, dass nützliche materielle und seelische Vorgänge vorwiegend mit Lustgefühlen verbunden sind, indessen können diese in vielen Fällen sich verhängnisvoll auswirken, insbesondere, wenn sie ein Lebewesen süchtig machen.

Hegels List der Natur führt zu einer Selbsttäuschung des Menschen, da Lustgefühle erstrebt, Unlustgefühle abgewertet werden, als solche jedoch oder in ihren Grundlagen mit einem notwendigen oder nützlichen Lebensvorgang zusammenhängen, der die Sinngebung des Geschehens lenkt.

Die Selbsttäuschung der Völker d.h. ihrer Staatsmänner und der Mehrheit des Volkes ist offensichtlich ein häufiger Vorgang. Viele Völker halten sich ihren Nachbarn oder gar ihren Widersachern moralisch und intellektuell für überlegen. Meistens ist dies ein Trugschluss, der in der historischen Entwicklung früher oder später sichtbar wird aber selten zu einer andern Selbstschätzung führt. In der Tierwelt kommen grosse Fehlleistungen vor, wenn der Instinkt einer Herde versagt und sie sich unter Führung ihrer Leittiere in Gefahren begeben, die sie nicht kennen, und die dem Schema eines instinktiven Verhaltens nicht entspricht. Die gleiche Lage kann sich bei grossen Gruppen von Menschen ergeben, wenn die Erfahrung, die die Grundlage ihrer Erkenntnis bildet und die Funktion des Instinktes übernimmt, fehlt und die Erfahrungen früherer Geschlechter gering geachtet werden. Auch hier werden grosse Risiken eingegangen, da man seine Kräfte über-, die des Gegners unterschätzt, die Umstände verkennt und sich selber täuscht. Die Selbsttäuschung ist unvermeidlich mit der Freiheit vom naturgegebenen Instinkt verbunden und ein Wesenszug der von der Vernunft geleiteten Menschheit, wie man dies gemeinhin annimmt.

Die Menschheit hat sich bis zum heutigen Tag überschätzt in Bezug auf ihr ethisches Verhalten; dieses ist sowenig wie das früherer Generationen einwandfrei, so sehr man sich füt fortschrittlich hält. Man denke an die Ausrottung vieler Tierarten, die Vernichtung grosser Waldgebiete, die Auslöschung ganzer Völker, an die Motivierung Atomwaffen zu bauen, um den Gegner abzuschrecken.

Die sich in der Hybris zeigende Selbsttäuschung stimmt mit der Feststellung im Evangelium überein "viele sind berufen, wenige auserwählt."

In zahlreichen Fällen haben die Menschen mit dem besten Gewissen die grössten Untaten begangen, sich demnach in höchstem Masse getäuscht. Man denke an die Religionskriege, wo viele glaubten, den Willen Gottes zu erfüllen, wenn sie ihren Gegnern den schlimmsten Tod bereiteten. Griechen und Israeliten haben sich im Altertum oft in unmenschlicher Art bekämpft. Im Mittelalter bis zur Neuzeit wurden Millionen von Menschen, die von Dämonen besessen waren und dies teilweise selber glaubten, verbrannt auf Grund der Urteile geistlicher Inquisitionsgerichte und staatlicher Vollzugsorgane, die gezwungen waren, diese Urteile zu vollstrecken. Auch grosse religiöse Denker haben an Dämonen geglaubt, sich somit selbst getäuscht. Im alten Rom wurden die Christen zeitweise grausam verfolgt gemäss kaiserlichen Edikten. Die Christen duldeten, als sie die Macht errungen hatten, keine Heiden. Man hat ganze Völkerschaften ausgemerzt, Etrusker, Karthager später Arianer. In der Neuzeit haben die Nordamerikaner die Indianer ausgetilgt, in Mittel- und Südamerika hat die Inquisition vielen Menschen den Tod gebracht. Man hat auch viele Neger nach Amerika in die Sklaverei verschleppt, meistens ohne Gewissensbisse. Die Israeliten wurden bis in die neueste Zeit in schrecklicher Weise verfolgt. Die modernen Revolutionäre begingen die grössten Missetaten oft in der Meinung, den Menschen das Recht und die Freiheit zu bringen. Dies alles und vieles andere ist bekannt, wird aber meistens bei der Deutung und Bewertung dieses Geschehens verkannt, da die grössten Missetäter sich in zahlreichen Fällen glaubten im Recht zu sein oder ideale Ziele verfolgten.

Selbsttäuschungen sind auch die Vergottungen weltlicher und geistlicher Herrscher.

Die vorstehenden Betrachtungen zeigen, dass Irrtum, Verstellung, Täuschung, List gegenüber den anderen Lebewesen, die Berechnung deren Reaktionen dem psychophysischen Geschehen eingeboren sind, einen Bestandteil desselben bilden und einen besonderen Aspekt des Seins darstellen. Man mag die uns zugängliche Welt zu erklären versuchen, als ein rein materielles Geschehen oder als einen rein psychischen Prozess, als Dualismus also einer Verbindung zwischen beiden, als partiellen oder universellen Parallelismus oder Binomismus, in jedem Falle haben sich Verstellungen, List und Täuschung schon bei sehr frühen Lebensformen ausgebildet, wo man bis heute noch keine Nerven geschweige denn ein Zentralnervensystem entdeckt hat. Diese Formen kommen in ihrer Funktion dem gleich, was der Mensch mit einem bewussten Verhalten herbeiführt. Sie haben sich vermehrt mit der Bildung von Nervensystemen und psychischen Vorgängen, die man als Instinkt bezeichnet. Im bewussten Leben der Menschen, die eine artikulierte Sprache und ein logisches Denken besitzen, sind sie eine alltägliche Erscheinung geworden, nicht mehr oder selten durch den Instinkt bedingt.

Auch das göttliche Sein ist dem Menschen verborgen, obschon es allgegenwärtig ist, es bedarf daher der Offenbarung um das Bewusstsein zu lenken. Schon sehr früh haben z.B. Sumerer und Akkader einen leeren Thron dargestellt, auf dem ihr Gott unsichtbar sass. Die Götter haben den Menschen verblendet, also eine Selbsttäuschung veranlasst, (so glaubte Ayax sich an den ihn benachteiligenden Griechen zu rächen und eine Heldentat zu verrichten; indessen hatte er eine Herde von Lämmern getötet, sich also lächerlich gemacht.)

Jawhe hat die Herzen der Israeliten verhärtet, womit sie sich in einer Selbsttäuschung gegen seine Gebote auflehnten, im Pater Noster in der heute üblichen Form bittet der Mensch Gottvater ihn nicht in Versuchung zu führen, also in Selbstüberhebung und Selbsttäuschung seine Gebote zu übertreten. Die von den alten Griechen oft geübte und getadelte Hybris beruhte auf der Selbstüberheblichkeit, demnach einer Selbsttäuschung. Die Religionen versuchen diese überhebliche Selbsttäuschung durch Selbsterkenntnis zu verhindern, sie soll durch eine Gewissenserforschung verunmöglicht werden durch Meditation und Versenkung in das eigentliche Wesen des Menschen geheilt werden. Als dem Leben eingeboren erscheint uns die Selbsttäuschung als eine dämonische Macht. Die Verstellung aber ist eine Erscheinung, die nicht erst entstand als der Mensch sich von seiner Bindung an die Instinkte zu lösen begann und nach seinem freien Willen handelte, wie dies die einen annehmen oder nach vernünftigen Überlegungen sich verhält, wie es vielleicht richtiger ausgedrückt wird. Sie stammt vielmehr aus viel früheren und tieferen Quellen des Lebens, hat jedoch mit der Befreiung des Menschen einen grossen Umfang angenommen, nicht gerade nur zu seinem Heil.

IV ZUR PROBLEMATIK DES KATEGORISCHEN IMPERATIVS KANTS

Kants *Ethik* versucht mit ausschliesslich formalen Erwägungen das Wesen der reinen Sittlichkeit aus einer Gesetzlichkeit abzuleiten. Kant bezweckt entgegen den relativen Systemen einer Gefühlsethik oder des Utilitarismus ein absolutes, *objektives* System aufzubauen und postuliert einen kategorischen Imperativ. Der Wille wird hier als unabhängig von empirischen Bedingungen, mithin als *reiner Wille* durch die blosse Form des Gesetzes bestimmt gedacht und dieser Bestimmungsgrund als die oberste Bedingung aller Maximen angesehen. Hier sagt die Regel, man solle schlechthin auf gewisse Weise verfahren.

Die Grundformel des kategorischen Imperativs lautet: *"Handle so, dass die Maxime deines Willens jederzeit zugleich als Prinzip einer allgemeinen Gesetzgebung gelten könne".* (Kritik der praktischen Vernunft, I. Teil, Buch 1, Hauptstück S. 7)

Kants *Kasuistik* ist spärlich. Es soll hier untersucht werden ob und wie weit seine Grundformel genügen kann.

Kant beruft sich zur Verdeutlichung seiner Lehre auf den *Hinterlegungsvertrag*. Der Deponent übergibt dem Depositar einen Gegenstand zur Aufbewahrung. Der Depositar verpflichtet sich die hinterlegten Sachen zurückzugeben. Hat jedoch jeder Depositar die Maxime, die Hinterlage sich anzueignen, also zu unterschlagen und würde jeder Depositar die gleiche Maxime besitzen, so könnte diese nicht zugleich das Prinzip einer allgemeinen Gesetzgebung bilden, da die Deponenten kein Depot mehr errichteten. Die Maxime wäre unsittlich. Das Motiv der Deponenten nichts mehr zu hinterlegen ist klar und eindeutig, denn durch die Aneignung ihrer Hinterlagen würden sie geschädigt. Für Kant ist nicht die Schädigung, sondern die Nichterfüllung des Gesetzes entscheidend. Wenn der Dapositar die Maxime hat, das Depot zurück zu geben, konnte dieses zugleich Prinzip einer allgemeinen Gesetzgebung sein, womit der Hinterleger seinen Vertrag erfüllt hätte. Sein Wille ist auf die Erfüllung eines Gesetzes gerichtet, nicht durch "sinnliche" Erwägungen bestimmt. Nicht der Inhalt des Verhaltens, sondern die Form des dem Gesetz entsprechenden Handelns ist Gegenstand des kategorischen Imperativs. Der Maxime, ein Gesetz nicht zu verletzen, steht die Maxime gegenüber, andere nicht zu schädigen, wo es nicht notwendig ist, also ein materielles Prinzip. Es ist sehr unwahrscheinlich, dass die Deponenten im Beispiel Kants, kein Depot mehr errichten, weil dadurch ein Gesetz nicht erfüllt würde, sondern weil sie durch die Unterschlagung geschädigt würden; ist doch das Gesetz eine abstrakte Regelung zahlreicher materieller Fälle und wegen dieser geschaffen.

Beim *normalen Darlehen* würde die Maxime, das Darlehen nicht zurückzuzahlen, wollten alle Darleiher sich dieses Prinzip zu eigen machen, dieses Rechtsinstitut aufheben, da niemand mehr ein Darlehen gewährte. Die Maxime wäre unsittlich.

Beim pfandgesicherten Darlehen würde die Maxime, das Darlehen nicht zurückzuzahlen, zu verschiedenen Verhaltensweisen führen. Bei voller Deckung durch das bestellte Pfand würde kein entscheidender Grund bestehen, inskünftig kein Darlehen zu gewähren. Anders wo die Versteigerung des Pfandes einen Verlust ergäbe. Auch Teilverluste wären für die Darlehensgeber unzumutbar. Die Gewährung von Darlehen würde demgemäss nicht aufgehoben, sondern auf gedeckte Darlehen beschränkt. Es ist immerhin fraglich, wie man die Maxime dieses Rechtsgeschäftes beurteilen soll, da die Verwertung der Pfänder oft geraume Zeit beansprucht und die Maxime, nicht zu zahlen verborgen wird.

Beim *Werkvertrag* würde die Maxime des Bauherrn, den Werklohn für die Reparatur eines Gebäudes als Prinzip einer allgemeinen Gesetzgebung nicht zu entrichten, keineswegs ohne weiteres das Rechtsinstitut aufgehoben, da viele Gesetzgebungen Baupfandrechte eingeführt haben zur Deckung der Forderungen der Bauhandwerker. Man könnte auch Vorauszahlungen verlangen. Ohne diese Möglichkeiten wäre die Maxime, den Werklohn nicht zu bezahlen, unsittlich. Sie ist fraglich, wenn nur grundsätzlich ein Schaden vermieden werden kann.

Man kann verallgemeinernd die *Nichteinhaltung von Verträgen*, sei es z.B. dass der Verkäufer nach Empfang der Vorauszahlung die Lieferung der Kaufsache verweigert, sei es dass der Käufer nach Erhalt der Ware die Zahlung nicht leistet, diese Verhaltensweisen als unsittlich bezeichnen, da ja der Vertrag als Rechtsinstitut dahin fiele, wenn im Allgemeinen die Partner ihre Pflichten nicht erfüllten. Damit würde das gesamte Wirtschaftswesen unmöglich. Im Vertragsrecht ist die Gesetzlichkeit der Rechtsordnung mit der Gesetzlichkeit des kategorischen Imperativs grundsätzlich identisch. Die formale *Ethik* und das materielle Recht decken sich meistens.

Sehr viel schwieriger ist die Beurteilung, wenn keine gegenseitige Verpflichtung besteht zu einem Verhalten, und keine Gründe für den Bestand oder für die Aufhebung eines Gesetzes zu finden sind.

Das Prinzip des *Betrügens*, sich durch Lügen einen Vorteil von andern zu verschaffen, würde, wenn alle lügen würden, nicht zu einer positiven Gesetzgebung führen, da niemand mehr Verträge vereinbarte oder Abmachungen träfe die auf einem Lügengebäude errichtet wurden.

Die Maxime eines Freiers, den *Dirnenlohn* für den sexuellen Verkehr nicht zu bezahlen, würde als allgemeines Gesetz dahinfallen, wenn kein Freier mehr den Lohn zahlte und keine Dirne auf ein Entgelt verzichtete. Da die Maxime nicht gleichzeitig und stets zum allgemeinen Sittengesetz erhoben werden könnte, wäre sie nach dem kategorischen Imperativ unsittlich und das Dirnentum fiele fahin. Anderseits müsste der kategorische Imperativ die Bezahlung des Dirnenlohnes als sittlich anerkennen.

(Nach den meisten Rechtsordnungen ist der Vertrag des Freiers mit der Dirne unsittlich. Die Dirne fordert daher Vorauszahlung, da sie ihr Entgelt vom Gericht nicht zugesprochen bekäme. Man lässt indessen das Dirnentum bestehen, um vielerlei Verbrechen zu vermeiden. Im Mittelalter hat der Staat häufig die von den Dirnen geforderten Taxen festgesetzt.)

Beim *Diebstahl* würde die Maxime des Einzelnen, stets andere zu bestehlen, als Prinzip einer allgemeinen Gesetzgebung, sonderbare Folgen haben. Wenn jeder jeden also auch den Dieb bestiehlt, findet ein Besitzeswechsel statt. Das Gesetz, zu stehlen würde nicht dahinfallen, sondern erfüllt. Dabei würden die einen vorteilhafte, die andern nachteilige Diebstähle begehen, aber jeder versuchen den zu seinen Lasten gehenden Diebstahl wett zu schlagen. Würde ich Wächter anstellen, würden diese, wie alle andern ihrerseits stehlen gemäss dem allgemeinen Gesetz. Wollte man gegen einen Dieb Notwehr üben, so würde in all diesen Fällen das Gesetz über den Diebstahl aufgehoben, der Diebstahl somit unsittlich. Vermeidet jedoch der Dieb einen Eingriff des Bestohlenen, so bleibt auch dem kategorischen Imperativ das Gesetz über den Diebstahl bestehen und es liegt kein Delikt vor.

Die Maxime, andere zu *berauben*, würde als Gesetz gleichfalls zu einer allgemeinen Raubgesellschaft führen. Wer gegen den Räuber Notwehr übt, hebt dieses Gesetz auf.

Die Maxime, wenn immer möglich Geld oder anderes zu *sparen*, ist als Prinzip einer Gesetzgebung sittlich einwandfrei. Wenn alle sparen, dürfte dies löblich sein. Die Maxime hingegen zu *verschwenden*, lässt keine allgemeine Gesetzgebung zu, da je mehr ausgegeben wird für Lustbarkeiten und andere fragwürdige Zwecke, umso weniger übrig bleibt bis alles verbraucht ist und man nichts mehr verschwenden kann. Gleich verhält es sich wenn jemand sein Vermögen für die Einrichtung eines Werkes einsetzt, für fromme Zwecke und sein Alter in bescheidenen Verhältnissen abschliesst, indem er sich mit dem notwendigsten begnügt. Diese Maxime würde als Gesetz nicht möglich sein, weil sich infolge Geldmangels nichts mehr verschwenden und verschenken liesse.

Nach dem kategorischen Imperativ handelt der Verschwender gleich unsittlich wie derjenige der sein Vermögen verschenkt für das Wohl vieler und zur Behebung von Armut und Krankheit. (cf. H. Dunant, Gründer des Roten Kreuzes)

Die Maxime, *Hilflose im Stiche zu lassen*, wenn keine besondere rechtliche Verpflichtung zur Rettung besteht, kann auch als Prinzip eines allgemeinen Gesetzes gelten, da nichts geschieht, wenn dieses Gesetz aufrecht erhalten wird. (Es widerspricht der Haltung des barmherzigen Samaritaners dem Hilflosen zu helfen. (NT).) Wer das Risiko nicht auf sich nimmt, einen Ertrinkenden zu retten und dabei selbst zu ertrinken, einen Bergsteiger aus einer Gletscherspalte zu ziehen und dabei selbst hinabzufallen oder einen Menschen aus einem brennenden Haus herauszuholen mit der Gefahr selbst umzukommen, verändert die Notlage dieser gefährdeten Personen nicht, weder zum Guten noch zum Schlimmen. Man kann daraus eine Gesetzlichkeit ableiten, nicht zu helfen. Dieses Gesetz fällt nicht dahin, weil es immer Hilflose gibt, auch nicht, wenn bisweilen andere pflichtgemäss helfen. Ferner sind Art und Zahl der Notfälle und des Risikos des Nothelfers unübersehbar. Als Folge der Unterlassung der Hilfe kann der Hilflose unter den verschiedenartigsten Umständen sterben, schwere Schäden erleiden, sich allenfalls selbst helfen oder von andern gerettet werden. Also besteht kein einheitlicher Tatbestand und keine einheitliche Lösung, die nach dem kategorischen Imperativ zum Hilfezwang führen müssten und das Gesetz aufhöben. Das Prinzip, nicht zu helfen, wird je nach der Sachlage oft als unerträglich empfunden, wenngleich es in den Gesetzbüchern nicht negiert aber auch nicht erwähnt wird. Der kategorische Imperativ wird der Sachlage nicht gerecht, da er weder eine Abgrenzung noch alle Zweifel behebt. Wenn jemand ohne Schwierigkeit helfen könnte, also kein eigenes wesentliches Risiko trägt, ist die Annahme einer *Rechtspflicht*, zu helfen, nicht ausgeschlossen.

Die Maxime bei einem rechtswidrigen Angriff *Notwehr* zu üben, wird zum Prinzip eines allgemeinen Gesetzes, wenn alle in der gleichen Lage, sich wehren. Wehren sich alle, lässt sich nicht ausmachen, welche Folgen eintreten, ob der Angriff abgebrochen wird oder abgewiesen oder ins Leere stösst oder Erfolg hat. Jedenfalls ist ein grosses Risiko mit der Notwehr verbunden. Das gleiche gilt für die Frage, ob der Angegriffene fliehen soll vor dem Angreifer. Ist der Angegriffene stärker und schneller und gut bewaffnet, wird er die Abwehr wählen; hat er schnellere Füsse, ohne in die Enge getrieben zu sein, mag es vorteilhafter sein zu fliehen. Der kategorische Imperativ findet keine eindeutige Lösung bei diesen einander widersprechenden Verhaltensweisen. Wo alle Angegriffenen Notwehr üben und dabei zu Grunde gehen, wird das Gesetz aufgehoben, ist dagegen die Abwehr erfolgreich, wird er erfüllt. Was häufiger vorkommt lässt sich nicht sagen.

Die Maxime *Gefangene zu befreien*, kann zugleich zur allgemeinen Gesetzgebung gemacht werden; wenn indessen jedermann Gefangene befreit, werden keine mehr eingebracht; das Gesetz hebt sich auf, die Befreiung der Gefangenen ist deshalb unsittlich. Dies gilt auch, wenn man Unschuldige zu Unrecht eingesperrt hat und diese stets befreit werden. Der kategorische Imperativ gerät hier in Schwierigkeiten wenn er die Befreiung Schuldiger und Unschuldiger gleich bewertet.

Die Maxime, alle andern im *Wettbewerb* mit seinen Leistungen zu übertreffen (im Wirtschaftsleben wie in der Kunst und Wissenschaft) ist von grösster Bedeutung. Sie kann zugleich Prinzip eines allgemeinen Gesetzes sein. Die Konsequenzen sind nicht eindeutig. Einerseits können immer bessere Produkte erzeugt werden, bessere Kunstwerke geschaffen, anderseits werden viele Kleinbetriebe erdrückt, zahlreiche Gedanken erstickt, Konkurrenten geschädigt. Das Gesetz hebt sich nicht auf, da wohl immer neues aber auch fragwürdiges erstellt wird, sodass Prinzip und Gesetz weiter bestehen. Der kategorische Imperativ ist hier sehr problematisch.

Die Maxime, *Gefangene zu foltern* kann als Prinzip eines allgemeinen Gesetzes dienen, da auch wenn alle foltern wollen, keine Tatbestände gegeben sind, um derentwillen dieses Gesetz aufgehoben würde. In den wenigsten Fällen können die Gefangenen fliehen oder sich wehren. Auch werden beständig neue Gefangene gemacht, Verbrecher, Verdächtige, Kriegsgefangene. Die Folterung die die Ablegung eines Geständnisses bezweckt, wird seit Jahrtausenden bei vielen Völkern bis zum heutigen Tag durchgeführt. Viele "Gerechte" würden auch in Europa foltern, nach ihrem Willen und ihren Trieben. Wo das Foltern nicht durch ein anderes typisches Verhalten aufgehoben wurde, praktiziert man es weiter, was dem kategorischen Imperativ entspricht, bei dem es auf die Gesetzlichkeit ankommt. Kann ein Verhalten jederzeit als allgemeines Sittengesetz gelten, ist es sittlich. Dies zeigt wie wenig die Schlüsse von *einer* Handlung auf alle Handlungen der gleichen Art für die ethische Bewertung entscheidend sind. Wie man mit reiner Logik oder Mathematik keine Physik, Chemie oder Biologie aufbauen kann, lässt sich aus reiner Logik die Beurteilung eines ethischen Verhaltens nicht ableiten.

Auf die Maxime *Tiere zu quälen*, die zugleich als Prinzip eines Gesetzes bildet, ist heute noch in zahlreichen Ländern massgebend. Oft werden beim Töten der Tiere zu kommerziellen Zwecken ungeheure Missetaten begangen unter der Billigung der zustehenden Regierungen. Solange die Tiere nicht aussterben, ist das Gesetz nach dem kategorischen Imperativ richtig, da es nicht aufgehoben wird durch eine innere oder äussere Gesetzmässigkeit, sondern fortdauernd beim Töten angewendet werden kann.

Die Beziehung des Menschen zu den Tieren ist in den historischen und gegenwärtigen Kulturen mannigfaltig.

Die Maxime, *alte Tiere* beim Töten zu quälen würde eine Tierart nicht aussterben lassen, sie wäre also sittlich.

Die Maxime, bestimmte Tierarten zu quälen, ist heute noch in zahlreichen Ländern als Prinzip eines allgemeinen Gesetzes möglich, solange eine Tierart dadurch nicht ausstirbt.

Oft werden beim Töten der Tiere, mit Zustimmung der Regierung ungeheure Missetaten begangen.

Die Beziehung des Menschen zu den Tieren sind in historischen Zeiten und in der Gegenwart mannigfaltig.

In den meisten Rechtsordnungen stehen die *Haustiere* zur unbeschränkten Verfügung ihrer Eigentümer. Sie werden durch gesetzliche Erlasse vor Quälereien geschützt. Für Wildtiere gelten besondere Jagdordnungen.

In vielen Ländern versucht man das Los der Tiere zu verbessern, sie vor schlechter Pflege und Behandlung zu bewahren. Diese Versuche der Gesetzgebung sind oft sehr fragwürdig. Man denke an den Walfang der einen stundenlangen Todeskampf erfordert oder an die Jagd auf Delphine, die Enthäutung junger Robben oder an den Fang von Zugvögeln mit Leimruten. Häufig besteht eine Interessenkollision zwischen dem Schutz der Tiere und den Bedürfnissen des Menschen, da auf unserer Erde das Leben des einen den Tod des andern verlangt. Im Mittelalter hat man in den Religionen den Tieren ein Seelenleben abgesprochen (non é christiano), da man ihnen sonst aus den gleichen Gründen wie beim Menschen, die Unsterblichkeit hätte zuerkennen müssen.

Der Mensch steht der Pflanzen- und Tierwelt angesichts des gleichen Ursprungs aus der unergründlichen Tiefe der Schöpfung in einer zwiespältigen Haltung gegenüber.

Typische Tierquälereien stellen die bei vielen Völkern noch stattfindenden Stierkämpfe und Hahnenkämpfe dar. Auch ist die Lagerhaltung von Hühnervögeln oft bedenklich. Vielfach erscheint auch die Vivisektion von Tieren als unmenschlich. In allen diesen Fällen stirbt eine Tierart deswegen nicht aus, somit müsste man annehmen, dass ein allgemeines Gesetz gültig bliebe.

Die Maxime von Mann und Frau sich *geschlechtlich zu enthalten*, kann zugleich zum Prinzip eines Gesetzes gemacht werden. Indessen würde dieses, von allen befolgte, Gesetz zum Aussterben der Menschheit führe, weil niemand mehr Kinder zeugte. Das Prinzip der Enthaltsamkeit wäre unhaltbar, also eigentlich unsittlich. Man kann es verfeinern und nur die Verallgemeinerung der sexuellen

Enthaltsamkeit bei geschlechtsreifen Individuen verurteilen, nicht die von unfruchtbaren Menschen, insbesondere greisen Männern und Frauen. Diese Form ist sittlich einwandfrei; sie hat für die Existenz der Menschheit keine Bedeutung und keine wesentliche Nachteile. Die sexuelle Enthaltsamkeit wird in vielen Religionen als ein besonderes Verdienst angesehen. So weit der kategorische Imperativ Virginität und Askese missbilligt, widerspricht er den Gefühlen und Sitten weiter Kreise und vieler Völker.

Die Maxime, ein *Kind kurz nach der Geburt zu töten*, würde als Prinzip eines allgemeinen Gesetzes die Menschheit zu Grunde richten, da jedes Kind getötet würde. Ist dieses Gesetz unsittlich und ungeheuerlich, muss bedacht werden, dass die Kindestötung sehr häufig von gebärenden Frauen im Anschluss an die Geburt in einem psychischen Ausnahmezustand vollzogen wird, man deshalb ein Sonderdelikt annimmt und die Tat milde bestraft.

Der kategrorische Imperatic stellt nur die Gesetzwidrigkeit fest und lässt keine weitere Würdigung des dramatischen Geschehens zu.

Das Prinzip den *Fötus im Mutterleib abzutreiben*, wäre als allgemeines Gesetz abzulehnen, da wie im vorigen Fall die Menschheit ausstürbe. Viel schwerer sind für den kategorischen Imperativ die Probleme zu beurteilen, ob ein mongoloider Fötus oder eine Frucht als Träger künftiger Erbkrankheiten beseitigt werden darf. Schränkt man das Problem so ein, würden nach der allgemeinen Gesetzlichkeit alle erbkranken Föten abgetrieben, demnach keine mehr geboren; das allgemeine Gesetz fiele dahin; es wäre unsittlich.

Die Maxime von Mann und Frau, sich *sterilisieren* zu lassen, würde als Prinzip eines allgemeinen Gesetzes der

Menschheit den Untergang bringen, wie es auch bei der Abtreibung geschähe. Sollte man mit der Unfruchtbarmachung nur bezwecken, die Geburt schwachsinniger, mongoloider und erbkranker Kinder zu verhindern, könnte dies die grundsätzliche Beurteilung nicht ändern, da man die Sterilisation oft nicht rückgängig machen kann, daher meistens auch die Geburten gesunder Kinder vereiteln würde; die Maxime ist somit unsittlich.

(Erbkrankheiten treten in einer grossen Zahl von Tatbeständen auf, wobei viele ein lebenswertes Leben nicht ausschliessen.)

Die Maxime, *Selbstmord* zu begehen, würde als Prinzip eines Gesetzes mit dieser Zwecksetzung die Menschheit auslöschen. Dies würde nur eintreten wenn sich fruchtbare Menschen das Leben nehmen. Das Gesetz wäre somit unsittlich. Ist jedoch der Täter steril, wird das Gesetz nicht aufgehoben; der Freitod ist nicht unsittlich. Der kategorische Imperativ setzt hier Pflichten voraus, wie sie in der Natur durch Triebe wirksam sind. Seine Wertung erscheint als sehr diskutabel, da gewöhnlich nicht die Vermeidung von Nachwuchs, sondern andere Motive massgebend sind, z.B. Krankheiten, Vermögensverlust und oft Frau und Kinder schwer geschädigt werden, weil der Familienvater sich seiner Pflichten entzieht. Oft befindet sich der Täter in einer aussichtslosen Lage, verzweifelt am Leben oder ist geisteskrank. Hin und wieder begeht er sogar einen Versicherungsbetrug zu Gunsten ihm nahestehender Personen.

Der Selbstmord findet in Kulturstaaten eine erhebliche Verbreitung (1–2% der Todesfälle). Er erscheint schon früh in der Geschichte; so hat schon König Saul, nach dem alten Testament, den Freitod gewählt.

Die Homosexualität ist im Grunde kein Prinzip zu einem sexuellen Verhalten, sondern eine angeborene oder erworbene Abart beider Geschlechter. Man kann den kategorischen Imperativ analog anwenden. Danach würde die Gleichgeschlechtlichkeit als allgemeines Gesetz die Menschen aussterben lassen. Sie ist somit nach dem kategorischen Imperativ unsittlich; indessen kann man hier kaum von einer Schuld sprechen. Was von ihr abstösst, beruht auf dem Gefühl der normalen Menschen.

Die Homosexualität hat im Altertum eine grosse Bedeutung erlangt. Die griechische Oberschicht hat sie in einem gewissen Grad idealisiert. Auch römische Kaiser waren bisweilen bisexuell. Im Christentum war die Homosexualität verfehmt. Die staatliche Rechtsordnung hat sie bis zum Beginn des 20. Jahrhunderts bestraft. Heute gilt dies nur für die Verführung von Minderjährigen. Seit einigen Jahrzehnten sucht man die Homosexualität zu heilen. Eine ausserordentlich fragwürdige Methode besteht in der Geschlechtsumwandlung, wobei sogar nach dem chirurgischen Eingriff eine Heirat möglich ist.

Die Maxime, eine *Ehe zu brechen*, wird als Prinzip eines Gesetzes möglich. Sie führt keineswegs zu einer Aufhebung des Rechtsinstitutes der Ehe. Die Folgen des Ehebruchs können sehr verschieden sein. In vielen Fällen wird die Ehe augelöst, oft wiederum vereinbaren die Ehegatten miteinander Freiheit auf sexuellem Gebiet, oft dulden sie die Fehltritte ihrer Partner. Das Prinzip, die Ehe zu brechen, wird als Gesetz nicht aufgehoben aber geschwächt. Auch in Staaten, welche Verehelichung und Scheidung ausserordentlich erleichtern, ist heute noch die Mehrzahl für die Beibehaltung des Rechtsinstitutes der Ehe.

Nach den Erfahrungen eines fachkundigen, prominenten Psychiaters wurden schon vor 35 Jahren in 70% der Ehen in einer mittelgrossen Stadt der Schweiz Ehebrüche begangen. Manchmal bringt der Beruf verführerische Möglichkeiten.

Der kategorische Imperativ kann auf dem Gebiete des Eherechts nicht zu einer eindeutigen Lösung gelangen; einerseits wird die Maxime, die Ehe zu brechen, oft erfüllt, anderseits wird dieses Prinzip sehr häufig aufgehoben und die Ehe aufrechterhalten.

Die Ehe- und Scheidungsgesetze weisen ungezählte Unterschiede auf, In verschiedenen Ländern z.B. Italien kann man erst seit kurzer Zeit scheiden, und zwar unter einschränkenden Bedingungen; vorher lebten in den Städten viele Ehepartner getrennt und mit andern Männern und Frauen zusammen. In Russland ist die Scheidung einer Ehe sehr einfach und leicht zu erwirken. Das Gesetz enthält keine spezifischen Scheidungsgründe, vielmehr entscheidet das Gericht nach seinem Ermessen. In der Schweiz kann die Ehe wegen tiefer Zerrüttung geschieden werden, ohne dass ein Verschulden vorliegt. In England wird in zahlreichen Fällen ein Ehebruch simuiert, um eine Scheidung zu erlangen, wobei das Gericht genau weiss, dass andere Gründe als die vorgebrachten für die Zerrüttung der Ehe massgebend sind und der Ehebruch nur vorgespiegelt wird.

Die Maxime, gleichzeitig mit *mehreren Frauen* oder Männern *eine Ehe* einzugehen, (*Bigamie*) würde als Prinzip eines Gesetzes vielen Männern oder Frauen die Möglichkeit zu heiraten versagen, und ein Missverhältnis von Verheirateten und Ledigen bewirken. Dies würde das Gesetz der Bigamie nicht aufheben, sondern schwächen; demnach könnte man die Bigamie nicht als unsittlich bezeichnen.

Die Maxime, *falsches Zeugnis* abzulegen, würde als Prinzip eines allgemeinen Gesetzes zur Abschaffung des Rechtsinstitutes der Zeugeneinvernahme führen. Kein Gericht könnte auf falsche Zeugnisse abstellen; die Maxime wäre somit unsittlich. Das gleiche gilt für die Maxime eines Experten ein falsches Gutachten abzugeben, da dieses kein

Beweismittel mehr wäre, wenn alle Expertisen sachlich als unhaltbar erschienen.

Die heutige Gerichtspraxis hat öfters mit *Gutachten* zu tun, die einander widersprechen, sei es dass die Gutachter von falschen Voraussetzungen ausgehen, oder nicht unparteiisch sind.

Ferner werden, besonders in Ehesachen, zahlreiche falsche Zeugnisse abgelegt und Meineide geleistet.

Die Maxime, *Münzen oder Banknoten zu fälschen*, würde als Prinzip eines Gesetzes unmöglich sein, weil niemand derartige Zahlungsmittel entgegennähme. Die Maxime ist somit unsittlich weil das dazu gehörende Gesetz dahinfiele.

Die Maxime eines *Verräters*, Bank- oder Staatsgeheimnisse zu offenbaren, könnte als Prinzip eines allgemeinen Gesetzes keine Geltung erlangen, weil jedermann das Vertrauen in derartige Enthüllungen verlieren würde. Die Maxime ist demnach unsittlich.

Die Maxime eines Sängers, bei Festen oder Kulthandlungen *Da-Da-Lieder* zu singen, würde als allgemeines Gesetz entfallen, weil niemand Kirchen und Feste besuchen würde, wo derartige Lieder gesungen würden. Dasselbe gilt für Aufführungen dadaistischer Schauspiele. Dieses Beispiel zeigt, dass die Konstruktion des kategorischen Imperativs nicht nur für ethische, sondern auch für andere Zwecksetzungen verwendet werden könnte.

Die Maxime, *futuristische Malereien* anzufertigen, kann als Prinzip eines allgemeinen Gesetzes keinen Bestand haben, da kein Kunstverständiger derartige Bilder erwerben würde oder Ausstellungen und Museen besuchen würde.

Die Maxime eines Bildhauers, *Rechtecke mit Schotter* auszufüllen, würde als Prinzip eines allgemeinen Gesetzes nicht haltbar sein, da kein Sachverständiger und kein Laie dies als Kunstwerk bewertete.

Die Maxime, ein *Elektroautomobil*, das eine Geschwindigkeit von höchstens 50 Kilometer in der Stude erreichte, zu konstruieren, könnte als Prinzip eines allgemeinen Gesetzes nicht aufrecht erhalten werden, weil jedermann ein Fahrzeug mit einem viel leistungsfähigeren Benzinmotor vorziehen würde.

Die Maxime einer Fluggesellschaft, mit *Propellerflugzeugen* in ferne Kontinente zu fliegen, würde als allgemeine Gesetzlichkeit versagen, da man über viel raschere und sichere Düsenflugzeuge verfügt.

Die Maxime mit *Raumsonden* weit entferte Gebilde im Kosmos zu erforschen, kann als Prinzip eines allgemeinen Gesetzes dienen, da kein anderes Verfahren vergleichbare Ergebnisse erzielt hat.

Wie die vorgehenden Beispiele hat auch dieser Fall keine Beziehung zur *Ethik*, kann aber sich der Methode des kategorischen Imperativs bedienen. Weil dies zu umständlich wäre, unterlässt man dies.

Bemerkung: Bei Rechtsgeschäften kann man, um der Praxis mehr gerecht zu werden, die jeweilige Regelung des kategorischen Imperativs beschränken auf Fälle, wo keine Beweismittel vorhanden sind.

Kant drückt seine Auffassung u.a. auch in dem Satz aus: Handle nur nach derjenigen Maxime, durch die du wollen kannst, dass sie zugleich ein allgemeines Gesetz werde. (Metaphysik der Sitten, 2. Abschnitt)

Was man "wollen kann", ist individuell unbeschränkt, da die Moral nicht angeboren ist, zahllose ethische Lehren und Verhaltensweisen bis zum heutigen Tage vertreten werden und miteinander rivalisieren; sie können deshalb nicht als Grundlage dienen. Das "wollen können" tritt an die Stelle der üblichen Ortsethik und ist von Land zu Land, Religion zu Religion und von Mensch zu Mensch verschieden.

Eine Kurzformulierung des kategorischen Imperativs lautet: "handle gesetzmässig".

Der kategorische Imperativ braucht für seine *Bewertung* drei Phasen:
Eine empirische Maxime
Eine fiktive Verallgemeinerung dieser Maxime zum Prinzip eines Gesetzes
Eine fiktive Stellungnahme zu diesem Gesetz auf Grund empirischer Tatbestände.

Massgebend ist hier kein reiner Wille, sondern eine Gesetzlichkeit, die Nutzen oder Schaden betrifft und entscheidet, ob das allgemeine Sittengesetz gilt oder dahinfällt. Der reine Wille bezieht sich auf die Erfüllung eines abstrakten, fiktiven Gesetzes, das nicht durch empirische Tatbestände (gemäss der dritten Phase c) aufgehoben wird.

Der kategorische Imperativ geht von einer Maxime aus, wie sie im konkreten Fall gegeben sein kann. Er erweitert den Einzelfall zum allgemeinen Gesetz, damit dieses Objekt des reinen Willens werde, nicht etwa Lust oder Unlust entscheide was sittlich ist. Gültigkeit oder Ungültigkeit des allgemeinen Gesetzes wird auf Grund von empirischen Tatbeständen festgestellt. Diese Tatbestände sind vielfach mehrdeutig und lassen mehrere Lösungen zu, weshalb das ganze System fragwürdig wird.

Wenn der Asket geschlechtlich enthaltsam lebt, würde nach der fiktiven Annahme des kategorischen Imperativs die Menschheit aussterben, sein Verhalten also unsittlich sein.

Ist der Asket jedoch unfruchtbar, fällt diese Bewertung dahin, sind andere Gesichtspunkte massgebend, z.B. ob er als Bettler auftritt oder nützliche Arbeiten verrichtet oder andern Menschen Hilfe leistet oder infolge einer Krankheit entsagt. Im ersten Falle der sexuellen Askese hat dies keine Bedeutung, im zweiten Fall muss unter den verschiedenen Verhaltensweisen entschieden werden, ob sie die Gesetzlichkeit aufheben oder bestehen lassen, ob der Asket somit sittlich lebt oder nicht. Das ganze System wird damit problematisch.

Aus der Gesetzmässigkeit eines Verhaltens kann noch nicht ohne weiteres auf die ethische Richtigkeit geschlossen werden, weil viele Gesetze anfechtbar sind in sittlicher Beziehung.

Es sei auf die Folterung von Angeklagten verwiesen, wie sie noch heute häufig vorkommt, in früheren Zeiten, auch im christlichen Mittelalter üblich und selbstverständlich war.

Der kategorische Imperativ verhindert öfters eine Unterscheidung der Verhaltensweisen und deren Bewertung; ist es z.B. verboten Gefangene zu befreien, ist es gleichgültig, ob sie schuldig oder unschuldig sind.

Der kategorische Imperativ beschränkt sich auf *vorsätzliche* Handlungsweisen, da ja die Maxime des Handelnden, also ein bewusster Vorstellungskomplex den Ausgangspunkt der Erwägungen und Beurteilungen bildet.

Der reine Wille ist nach dem kategorischen Imperativ auf eine Gesetzlichkeit hin ausgerichtet und soll nicht durch Nutzen, Schaden, Lust und Unlust bestimmt sein. Das Gesetz ist indessen nicht ein letztes, eigenständiges Sein, sondern auf materielle Tatbestände bezogen. Die Gesetzmässigkeiten sind nicht gleichbedeutend, sondern gemäss ihrem Bezug auf materielle Inhalte und Objekte sehr verschieden. Es gibt keine einheitliche, reine Gesetzlichkeit. Das Verbot eines Mordes und das Verbot eines Mundraubes oder das Verbot einer Unfruchtbarmachung und eines gewöhnlichen Diebstahles haben miteinander nichts zu tun.

Nach der *praktischen Vernunft* gewährleistet die Freiheit des Menschen seine sittliche Autonomie; *nach der Kritik der reinen Vernunft ist die menschliche Freiheit nicht beweisbar.*

Der Standpunkt Kants, der Mensch besitze moralisch einen intelligibeln Charakter, stimmt mit dieser Auffassung nicht überein. Hat der Begriff des "Dings an sich" die Eigenschaft eines Grenzbegriffs, ist er für die praktische Vernunft eine Wesenheit, in der die Kategorien nicht tätig sind, sodass Freiheit besteht, so widersprechen sich diese Auffassungen. Wird die Wahrnehmungswelt von Kategorien (Grundbegriffen) bestimmt, kann aus der Nichtgeltung dieser Begriffe nicht abgeleitet werden, das menschliche Handeln sei frei, da man der Wesenheit des Dinges an sich Ordnung und Gesetzmässigkeit nicht absprechen dürfte.

Gesetzlichkeit garantiert nicht Sittlichkeit; Folter, Tierquälerei, die Verfolgung religiöser und politischer Personen sind nach dem kategorischen Imperativ gesetzmässig auch in der Gegenwart. Die Methode des kategorischen Imperativs, eine Maxime zu vervielfältigen, bringt oft fiktive Tatbestände und bewusstseinsfremde Elemente: Bei den Tatbeständen der sexuellen Enthaltsamkeit, der Unfruchtbarmachung, des Selbstmordes würde eine allgemeine Gesetzlichkeit das Ende des Menschengeschlechtes bewirken. Man bewertet das Geschehen nicht nach seinem Inhalt dem Streben und der Zwecksetzung des Menschen, sondern nach einer fiktiven Auswirkung der Maxime und missachtet die Gefühle des Täters und der Umwelt.

Ein Verhältnis ist unsittlich, nicht weil es gegen formale Gesetze verstösst, sondern gegen Interessen, Güter und Werte des Menschen, diesen schädigt; ohne materielle Tatbestände hätte eine formale Gesetzlichkeit keinen Sinn. Ein Übeltäter richtet keinen Schaden an um ein Gesetz zu verletzen; sein Opfer wird nicht durch die Gesetzesverletzung getroffen, sondern durch den materiellen Schaden, den es erlitten hat. Ein Gesetz ist das Erzeugnis von Vorstellungen, Urteilen, eine Denkungsart die Tatbestände unter Begriffe zusammen fasst und nicht unabhängig von materiellen Tatbeständen angewendet werden kann.

Die Methode des kategorischen Imperativs ist, wie oben gezeigt wird, vielfach unhaltbar. Da sie auch auf ästhetischen und technischen Gebieten angewendet werden kann, gebricht es an einem Begriff der Sittlichkeit der nicht mit der blossen Gesetzlichkeit übereinstimmt, höchstens darin enthalten ist. Meistens bildet die Methode einen Umweg der nur zur theoretischen Begründung der Sittlichkeit dienen kann, die praktischen Probleme nicht besser löst als eine eingehende direkte Betrachtung und Beurteilung mit allen materiellen und seelischen Bezügen. Die Stellungnahme zu diesen wird oft sehr erschwert und bringt häufig keine brauchbare Lösungen wie sich aus der oben dargestellten Kasuistik ergibt.

Das System des kategorischen Imperativs ist demnach weitgehend unzulänglich.

Nach dem kategorischen Imperativ stellt sich die Frage des Rechts- oder Unrechtsbewusstseins als sittliches Geschehen, gleichgültig ob eine Gesetzlichkeit für das Verhalten besteht oder nicht. Grundsätzlich muss jedermann beim Entschluss erforschen, ob alle Menschen sich beim gleichen Tatbestand gleich verhalten und ob ein für alle geltendes Gesetz aufrecht erhalten werden kann. Verlangt man im Strafrecht als Voraussetzung der Bestrafung für ein begangenes Delikt das *Bewusstsein* der Rechtswidrigkeit, so gilt dies mindestens im gleichen Masse bei einer nach *rein sittlichen* Prinzipien zu bewerteten Tat. Ein Asket, der sich jede sexuelle Lust versagt, ist sich kaum bewusst, dass er nach den Regeln des kategorischen Imperativs unsittlich handelt, weil die Menschheit zu Grunde ginge, wenn alle Männer und Frauen sexuell enthaltsam leben würden. Dies gilt um so mehr, als die Annahme alle würden Askese betreiben, völlig fiktiv ist. Die Robbenschlächter die den Jungtieren das Fell abziehen und die

Tiere in ihrer Qual liegen lassen, verhalten sich nach dem kategorischen Imperativ sittlich einwandfrei, werden sie doch in ihrem Tun von der zuständiges Regierung unterstützt, und handeln alle Robbenschlächter in der gleichen Weise grausam. Haben diese Menschen das Bewusstsein richtig oder falsch zu handeln? Die Gesetzmässigkeit des Verhaltens genügt demnach nicht für die sittliche Bewertung. Rechts- und Unrechtsbewusstsein sind jedoch nicht objektiv, sondern relativ, handle es sich um ethische oder rechtliche Werturteile. Ferner sind auch das Rechtsgefühl und das Gewissen für die auf Grund des kategorischen Imperativs gefällten Urteile wesentlich.

Das Rechts- und Unrechtsbewusstsein

Das *Erlebnis Recht oder Unrecht* kann auch als sittliches Phänomen sich nur bei einer Vielheit von Menschen entwickeln, die miteinander in einer Gemeinschaft leben, miteinander zusammenarbeiten, Familien bilden, sich fortpflanzen, sich sprachlich zu verständigen vermögen und gemeinsam handeln, für eine Behausung und die Ernährung sorgen. Je grösser die Zahl der Menschen in einer Gemeinschaft ist, desto mehr müssen sie ihr Verhalten zu einander anpassen, sollen sie nicht in kurzer Zeit untergehen. Es bedarf somit einer Ordnung, die die Freiheit beschränkt, Besitz und Arbeit regelt. Das Alte Testament zeigt in vereinfachter Weise, wie Ackerbauer und Viehzüchter nebeneinander leben, aber auch in Streit geraten, wenn sie die von ihnen gesetzten Grenzen nicht einhalten. Schon die frühesten primitiven Völker lebten in geordneten Verhältnissen mit zahlreichen Tabus, die für das Gemeinschaftsleben nützlich oder notwendig waren.

Eine entwickelte Gesellschaft regelt auf zahllosen Lebensgebieten die wichtigsten Interessen, wobei jedoch von

Land zu Land zahlreiche Unterschiede bestehen und die verschiedensten Ordnungsgedanken für die gleichen Lebensgebiete gelten. (Bei einem Volk ist der Betrug ein Zeichen der Intelligenz; er wird nicht bestraft ausser in Ausnahmefällen, wenn man Falschurkunden verwendet. Bei andern Völkern ist der Betrug stets strafbar.) Mannigfaltige grosse oder kleine Unterschiede sind in den einzelnen Staaten gegeben bei der Ausformung des Rechts sowohl materieller als formaler Art, bei der Gerichtsverfassung wie der Rechtssprechung und im Vollstreckungsverfahren. Diese Vielfalt des Rechtes beruht auf der Verschiedenheit der Bedürfnisse und Wertschätzungen in den einzelnen Ländern, auf der Tradition der Völker, einem verschiedenen Rechtsbewusstsein sowie sehr verschiedenen religiösen und sittlichen Werturteilen.

So fühlt man sich bis zum heutigen Tag verpflichtet, Andersdenkende und Andersgläubige zu missachten, zu verfolgen und zu vernichten, gleich wie in den Religionskriegen der Vergangenheit, den Ketzerverfolgungen, den Kreuzzügen und den Revolutionen. Sehr verschieden sind vor allem auch die materiellen Bestimmungen des Rechtes nach Form und Inhalt. Man vergleiche die Ehegesetze in Ost und Westen; je nachdem man die Gebote einer Religion für verbindlich hält oder den Menschen eine unbeschränkte Freiheit lässt, bestehen die grössten oft seltsamen Unterschiede. Die sittlichen Auffassungen sind hier unvereinbar.

Das Rechtsbewusstsein stimmt meist mit dem Bewusstsein sittlich richtig zu handeln überein, da die Rechtsordnungen gewöhnlich ein unsittliches Verhalten verpönen, wenngleich sie zahlreiche Tatbestände des Gemeinschaftslebens nicht erfassen können oder dulden müssen. Ferner besteht ein grosser Unterschied zwischen Recht und Sittlichkeit in der Sanktion, die die Rechtsordnung für die Verletzung ihrer Vorschriften erlässt, während die Sittlichkeit keine Massnahmen trifft, den Entscheid über die

Richtigkeit des Verhaltens dem Gewissen überlässt, oft auch der Reaktion der Gemeinschafter. Das Rechtsbewusstsein, wie das Bewusstsein sittlich zu handeln ist nicht angeboren. Es entwickelt sich aus mannigfaltigen zum Teil unzusammenhängenden Begebenheiten. Kinder wissen schon vor dem schulpflichtigen Alter, dass man nicht stehlen darf, andere nich schlagen soll oder deren Besitz nicht beschädigen darf und die Erzieher zu belügen heikel ist. Diese Lehren werden aus den Erfahrungen gezogen, die sich aus den Verhaltensweisen ergeben. Später wird der Jugendliche mit den sexuellen Problemen vertrauter und nach Eintritt der Reife, mit sich aus seinem Beruf ergebenden Pflichten. Einen entscheidenden Faktor bildet die Erziehung der Jugend und ihre Nachahmung der Erwachsenen. Junge Menschen orientieren sich am Benehmen ihrer Eltern und an andern ihnen zugänglichen Vorbildern wie sie ihnen in der Öffentlichkeit und bei vielen Veranstaltungen dargeboten werden. Sie lernen vor allem auf Grund der Wertungen der älteren Generation, was man nicht tun soll (aber trotzdem macht.) Sodann will jede Generation sich von der Vergangenheit befreien und einen eigenen Weg gehen. Das Rechtsbewusstscin als Ausdruck der Sittlichkeit ist für das Selbstbewusstsein des Menschen notwendig. Der Glaube mit seinem Verhalten und seinen Bestrebungen im Einklang mit den Anforderungen und Wertungen der Gemeinschaft zu stehen, ermöglicht oder erleichtert die tägliche Arbeit, erzeugt ein Gefühl der Sicherheit und lässt den Einzelnen mit ruhigem Gewissen seine Aufgaben erfüllen. Oft ist jedoch das Rechtsbewusstsein nur rudimentär vorhanden und das Herz voll Ressentiment.

Diese Vielfalt des Rechts beruht auf der Verschiedenheit der Bedürfnisse und Wertschätzungen in den einzelnen Ländern, auf der Tradition der Völker, einem verschiedenen Rechtsbewusstsein sowie sehr verschiedenen religiösen und *sittlichen* Werturteilen. So fühlt man sich bis zum heutigen Tag verpflichtet, Andersdenkende zu missachten, verfolgen und vernichten, gleich wie in den Religionskriegen der Vergangenheit, den Ketzerverfolgungen, den Kreuzzügen und Revolutionen.

Sehr verschieden sind vor allem auch die materillen Bestimmungen des Rechts nach Form und Inhalt; man vergleiche die Ehegesetze in Ost und West, je nachdem man die Gebote einer Religion für entscheidend hält oder den Menschen unbeschränkte Freiheiten lässt. Die sittlichen Auffassungen sind hier unvereinbar.

Das Rechtsbewusstsein ist nur unproblematisch, wenn es den Gesetzen entspricht und diese von der Bevölkerung eines Landes gebilligt werden und nicht gegen das Rechtsgefühl und die übereinstimmende Sittlichkeit verstossen. Es entwickelt sich aus einzelnen zum Teil unzusammenhängenden Tatbeständen. Kinder in schulpflichtigem Alter wissen gewöhnlich, dass man nicht stehlen darf, andere nicht verletzen soll, nicht lügt oder andere täuscht. Diese Lehren werden aus den Erfahrungen gezogen, die sich aus diesen Verhaltungsweisen ergeben. Später wird der Jugendliche mit den sexuellen Problemen vertraut und nach Eintritt der Reife mit den sich aus seinem Beruf ergebenden Pflichten. Einen entscheidenden Faktor bildet dabei die Erziehung. Indessen orientieren sich die Jugendlichen am Benehmen ihrer Eltern und an andern Vorbildern, lernen vor allem auf Grund der Wertungen der älteren Generation, was man nicht tun soll aber trotzdem macht. Das Rechtsbewusstsein ist als Ausdruck der Sittlichkeit für die Persönlichkeit sehr bedeutungsvoll. Der Glaube mit seinem Verhalten, seinen Bestrebungen im Einklang mit den Normen und Wertungen der Gemeinschaft zu stehen, ermöglicht die menschliche Tätigkeit, bewirkt ein Gefühl der Sicherheit und stärkt das Wertbewusstsein in hohem Masse. Gibt die Gewähr ungestört mit ruhigem Gewissen seine Aufgaben pflichtgemäss zu erfüllen. Das Rechtsbewusstsein ist oft zu schwach und wird bei der Verfolgung von Zwecken abgelöst durch die Erwartung erfolgreicher Ergebnisse.

Das Unrechtbewusstsein steht im Gegensatz zum Rechtsbewusstsein. Es bildet den Inhalt eines vorsätzlichen, rechtswidrigen Verhaltens, doch wird eine rechtmässige Handlung nicht rechtswidrig und schuldhaft, wenn der Täter irrtümlich glaubt, sich rechtswidrig zu benehmen. Ethisch mag man anders urteilen, da der Täter subjektiv ein Gebot oder Verbot übertreten hätte.

Im Strafrecht kann man den Vorwurf der Schuld nur erheben, wenn der Täter in der Lage war, die Rechtswidrigkeit seines Verhaltens zu erkennen. (Welzel, das Deutsche Strafrecht, 9. Aufl. S. 142) Dieser Grundsatz leuchtet ein. Einerseits ist die Rechtswidrigkeit eine Voraussetzung der Schuld, anderseits muss diese vom Täter nach Lage der Umstände erkannt werden können, da er sonst keinen Vorwurf verdiente. Wer ein Gebot oder Verbot nicht kennt, überschreitet diese subjektiv nicht, wenn er die Unkenntnis nicht verschuldet hat.

Man vergleiche diese Regel mit dem kategorischen Imperativ und seiner Auffassung über die Sittlichkeit, die nur die Norm für massgebend hällt, ohne das Bewusstsein und die Innerlichkeit des Menschen zu beachten.

Das Rechtsgefühl

Gefühle sind wesentliche Inhalte unseres Bewusstseins; es kommen ihnen jedoch andere Funktionen zu als dem Erkenntnisprozess. Sie begleiten Wahrnehmungen und Vorstellungen, Triebe und Zwecke ohne in diesen Erscheinungen aufzugehen und ihre Eigenart zu verlieren. Lust und Unlust oder Schmerz (dieser wird meistens nicht als Gefühl betrachtet), Erregung und Beruhigung, Spannung und Lösung bilden Dimensionen in denen sich die Gefühle bewegen. Die Gefühle weisen viele Tönungen auf, so in der Ästhetik, besonders in der Musik, sodann in der Ethik und der Religion.

Von grosser Bedeutung ist das Rechtsgefühl. Ein Fehlurteil erweckt das Gefühl Unrecht zu erleiden zusätzlich zur verstandesmässigen Bewertung des Entscheides. Das Rechtsgefühl ist komplex, es bezieht sich nicht nur auf das Dispositiv des Urteils, sondern auch auf die Motive und auf das Erleben des Entscheides durch die Beteiligten die es angeht, hauptsächlich dem Benachteiligten, dem Unrecht getan wurde. Vor allem ist das Rechtsgefühl bedeutsam, wenn das formale und das materielle Recht miteinander im Widerspruch stehen. Es erweckt Missfallen, wenn eine Partei infolge eines Formfehlers ins Unrecht versetzt und materiell geschädigt wird. Das Gleiche gilt, wenn jemand seinen Prozess verliert, weil ihm die Beweislast auferlegt wird und er nicht über genügend Beweismittel verfügt.

Ebenso gefährlich sind formale Beweismittel, wie Eid- und Handgelübde. Bisweilen muss eine Partei das Gericht "belügen" um zu ihrem Recht zu kommen. (indem sie bestreitet ein Darlehen erhalten zu haben, das sie ohne eine Quittung zu bekommen, zurückbezahlt hat.) Das Rechtsgefühl wird häufig stark frustriert.

Gleichartige Gefühle bestehen bei Verstössen gegen die Sittlichkeit.

Das Gewissen

Ein frühes Erlebnis des Gewissens hat Sokrates erfahren. Er bezeichnet dieses als "Daimonion" also etwas nicht verstandesmässiges, wohl als unheimlich empfundenes, beunruhigendes Phänomen. Das Gewissen ist komplex. Es ist ein anderes, wenn es sich auf Vorgänge und Handlungen in der Vergangenheit bezieht, als wenn es am Anfang eines gegenwärtigen Entschlusses sich äussert. Es steht oft auch im Zusammenhang mit der Mit- und Umwelt, insbesondere wenn es sich im Gegensatz befindet zu Ansprüchen Dritter. Es kann sich auch auf das Verhalten anderer Menschen beziehen, die man zu einem rechtswidrigen oder unsittlichen Verhalten angestiftet hat.

Das Gewissen, das auf *vergangenes* Geschehen reagiert, ist oft durch viele Motive bedingt. Vor allem ist der Grund für ein schlechtes Gewissen in der Regel durch ein unwertes oder blamables Verhalten bedingt. Der Grund des Vorwurfes, den man sich selbst oder einem Nahestehenden macht, darf nicht bekannt werden, muss verborgen bleiben, da sich der Täter Schande zuziehen würde, weshalb er in eine ausserordentlich peinliche Lage geriete. Es kann auch ein Delikt gegeben sein oder eine Zwiespältigkeit, welche den Täter schwer schädigen würde, wenn man es bekannt machte. Das Interesse, dass die vergangene Tat nicht offenkundig wird, ist gewöhnlich mit Angst verbunden, z.B. die Achtung der Freunde und Mitbürger zu verlieren, Vermögensverluste zu erleiden, sich als Feigling oder Betrüger, oder unbesonnenen Menschen zu erweisen. Es schwächt auch die Selbstschätzung und das Tätigwerden in höchstem Grad.

Bei einer *gegenwärtigen* Handlung ist das Gewissen ein Faktor, der den Entschluss etwas zu tun oder unterlassen beeinflusst. Die Folgen des Verhaltens werden erwogen und geprüft. Hier kann das Gewissen den Menschen ängstigen mit der Frage, ob er einen richtigen Entschluss fasst, ob die allfällige Handlung verborgen bleiben kann und nicht eine lebenslange Reue entstehen könnte. Viele Menschen würden infolge des sie bedrückenden Gewissens ihre früheren Entschlüsse und Handlungen aufheben, wenn sie es könnten.

Das Bewusstsein richtig oder falsch zu handeln, bildet einen notwendigen Bestandteil jeder Sittlichkeit und der Innerlichkeit des Menschen.

Anhang

Die subjektiven und relativen Elemente der Ethik.

Das Rechtsbewusstsein
Der Einzelne, der isoliert ohne Frau oder Kinder in Abgeschiedenheit lebt, (wie Robinson Crusoe) braucht grundsätzlich kein Recht und keine Pflicht gegenüber anderen Menschen. Er kann jagen, fischen nach seinen Bedürfnissen, er rodet den Boden, pflanzt Gemüse und baut eine Hütte auf Niemandsland. Ein derartiges Leben dauert kaum eine lange Zeit. Der Einzelne lebt in Freiheit nach seinem Willen vielleicht ist er Tieren Freund oder Feind. Er kann jedoch im Notfall keine Hilfe erwarten. Indessen ist sein Verhalten gegenüber den Tieren vielleicht nicht immer einwandfrei; doch plagt ihn kein Gewissen.
Das Erlebnis Recht oder Unrecht als sittliches Phänomen kann sich demnach nur bei einer Vielheit von Menschen entwickeln die miteinander in Beziehung stehen, sich fortpflanzen und sprachlich zu verständigen vermögen. Sie sorgen für eine Behausung und die Beschaffung der Nahrung. Je mehr Menschen zusammen sind, desto mehr müssen sie ihr Verhalten einander anpassen, sollen sie nicht in kurzer Zeit untergehen. Es bedarf somit einer Ordnung die die Freiheit beschränkt und Besitz und Arbeit regelt. Das alte Testament zeigt in vereinfachter Weise wie Ackerbauer und Viehzüchter nebeneinander leben aber auch in Streit geraten, wenn sie die von ihnen gesetzten Grenzen nicht einhalten. Schon die frühesten primitiven

Völker lebten in geordneten Verhältnissen mit zahlreichen Tabus, die für das Gemeinschaftsleben notwendig waren.

Eine entwickelte Gemeinschaft regelt auf zahllosen Lebensgebieten die wichtigsten Interessen, wobei indessen von Land zu Land zahlreiche Unterschiede bestehen und die verschidensten Ordnungsgedanken für die gleichen Lebensgebiete gelten. (Bei einem Volk ist der Betrug ein Zeichen von Intelligenz; er wird nicht bestraft ausser in besonderen Fällen, wenn Falschurkunden verwendet werden. Bei andern Völkern ist er stets strafbar.) Mannigfaltige grosse und kleinere Unterschiede sind in den einzelnen Staaten bei der Ausformung des Rechts sowohl formeller wie materieller Art gegeben, bei der Gerichtsverfassung wie der Rechtssprechung und der Vollstreckung.

V ÜBER DIE ERKENNTNIS DES FREMDSEELISCHEN

Eine direkte Wahrnehmung des Bewusstseinsinhaltes eines andern Menschen oder eines Tieres ist nicht möglich. Mann kann auch seine eigenen Wahrnehmungen und Vorstellungen nicht wahrnehmen oder sich vorstellen, dies wäre eine unzweckmässige Verdoppelung. (Die Möglichkeit einer Gedankenübertragung wird hier nicht untersucht) Somit nimmt man an, Wahrnehmungen, Vorstellungen, Zwecke und Gefühle von Drittpersonen oder auch von höher entwickelten Tieren, insbesondere Haustiere, würden aus deren Verhalten erschlossen.

Die Sprache

Das wichtigste und unentbehrlichste Ausdrucks- und Verständigungsmittel ist beim Menschen die Sprache. Diese erfordert identische Laute und Lautfolgen für die Bezeichnung identischer Vorgänge und Gegenstände. Ausser der phonetischen ist auch eine Zeichensprache gegeben. Infolge des gesetzmässigen Bezuges der Sprache auf örtliche, zeitliche, verstandes- und wertmässig zu erfassender Vorgänge und Zustände, die bei höheren Sprachen grammatikalisch geordnet werden, ist die Sprache und das Sprechen, anderseits das Hören der beste Weg, das Bewusstsein eines andern Wesens zu erschliessen und einen Dialog mit andern zu führen. Höhere Sprachen können ein umfassendes Wissen über den Menschen und seine Umwelt vermitteln. Die meisten Sprachen unterscheiden sich in mannigfaltiger Weise voneinander, nicht nur lautmässig, sondern auch in der Möglichkeit und Fähigkeit zu abstrahieren, idealisieren, Wert und Bedeutung von Gedanken und Vorstellungen eindeutig darzustellen. Sie verändern sich im Lauf der Zeit beträchtlich. Biologisch ist die Sprache ein interessanter Tatbestand, da die Sprachwerkzeuge darauf ausgerichtet sind, artikulierte Laute, Wörter, Sätze zu bilden, die andern meistens gleichartigen Wesen gelten, indem sie von deren Gehör erfasst werden. Umgekehrt dient das Gehör wesentlich auch dem Empfang artikulierter Laute und Lautverbindungen von andern Personen. Dies entspricht den Bauplänen der Menschen wie sie aufeinander ausgerichtet sind.

Der eine triebhafte Komponente enthaltende Altruismus der Mütter spielt hier eine übergreifende Ordnung, eine entscheidende Rolle im Dienste der Erhaltung der Art.

Während beim Sprechen ein Teil des Bewusstseinsinhaltes dem Partner unmittelbar mitgeteilt wird, ist die Schriftsprache sehr wenig spontan, kommt meistens später zum Bewusstsein des Partners, oft längere Zeit nachdem das Schriftstück verfasst worden ist. Der Inhalt eines Schriftstückes kann in seiner Wirkung viel besser bedacht werden als das gesprochene Wort: man kann noch im Herzen bewahren, was man ausdrücken wollte, und sein Anliegen besser formulieren, was zu viel geschrieben wurde unterdrücken. Bei der Lautsprache kommt oft den Vokalen a e i o u ei au ui eine inhaltliche Bedeutung zu. Diese wird meistens intuitiv erfasst.

Die Sprachlaute werden als Wiedergabe bewusster psychischer Vorgänge in ihrer Lautstärke variabel ausgedrückt, bald leise, gedämpft, lispelnd, bald laut, abgehackt oder auch verwischt. Die zum Gesang gesteigerte Sprache ist bisweilens mit ästhetischen Gefühlen verbunden. Hilferufe wirken unmittelbar und sehr eindrücklich, Eine Zeichensprache wird bei Blinden und Taubstummen angewandt; sie ist meistens beschwerlich und ist sehr differenziert. In der Technik kann man Zeichensprache (Telegramm, Funk, Sirenen, Flaggen u.s.w.) nicht entbehren. Schon sehr früh haben sich im Altertum Kultsprachen vom Alltäglichen abgehoben, so in Israel das Hebräische als Sprache der Priester vom Aramäischen als Sprache des Volkes. Auch in der katholischen Kirche wurde der Gottesdienst bis vor kurzem auf Lateinisch abgehalten, was eine Distanzierung von Priestern und Volk bewirkt hat.

Die Sprache ermöglicht die *Begriffsbildung*, die auch zum Verständnis fremder Bewusstseinsvorgänge dient und die Grundlage für jede Wissenschaft bildet, Religion und Recht möglich macht. Ohne Sprache kann keine menschliche Kultur existieren. Was jemand anderen sagt, entspricht meistens, wenn auch nicht immer und selten vollständig seinen Vorstellungen, Urteilen und Gefühlen.

Der Vorgang des Sprechens gibt den Inhalt des Bewusstseins an den Hörer weiter. Dieser erfährt so den mit der Sprache übereinstimmenden Teil des Bewusstseinsinhaltes mittelbar.

Säuglinge und Kleinkinder können ihr Befinden nur in sehr primitiver Weise ausdrücken mit wimmern, schreien, oder lächeln und dem Ausdruck der Zufriedenheit oder der Angst oder des Unbehagens. Ein Lernprozess lehrt sie ausreichend sprechen, erweitert ihr Bewusstsein, Lust und Schmerz kundtun oder auch unterdrücken.

Graphologie

Die Ausdrucksweise eines Menschen bildet einen Bestandteil seines Charakters. Demnach ist auch die wissenschaftliche Graphologie an der indirekten Erkenntnis des Fremdbewusstseins beteiligt. Je nach den Auffassungen der Graphologen wird eine verstandesmässige oder eine emotionale Abklärung bevorzugt.

Aus den nicht immer identischen Schriftzügen, den verschiedenen Druckverhältnissen zentripetalen und zentrifugalen, der Linienführung, der Grösse der Buchstaben, der Schräge der Schrift leitet man intuitiv die Charaktereigenschaften ab, die für die Art des Verhaltens massgebend sind, also auch beteiligt an der Bildung des Bewusstseinsinhaltes. Nach Meinung des wohl bedeutendsten Graphologen Klaages ist für die Qualifzierung einer Handschrift das Formniveau und das Ebenmass entscheidend, also ein intuitives und emotionales Verfahren. Wer eine grobe Sprache spricht, hat einen anderen Charakter als ein höflicher Mensch.

Indessen bezweckt die Graphologie nicht den Bewusstseinsinhalt einer fremden Sprache zu ergründen. Sie befasst sich nicht mit dem Inhalt der Schrift sondern mit der Form der Schriftzeichen.

Psychologische Teste

Tausende von psychologischen Testen, also Prüfungen und Untersuchungen befassen sich mit den menschlichen Eigenschaften, Fähigkeiten, Begabungen, Phantasie, Zwecksetzungen und anderen Dingen. Bei Persönlichkeitstesten verwendet man Fragebogen, die manchmal hunderte von Fragen enthalten. Hier kann man wohl die gleiche Funktion annehmen, wie sie die Sprache besitzt.

Andere Tests haben Leistungsproben der verschiedensten Art zum Gegenstand. Projektive Tests dagegen sind auf die Innerlichkeit des Menschen ausgerichtet. So der Rorschachtest, der die Deutung von Tintenklecksen den Prüflingen zur Beurteilung ihrer psychologischen Probleme verwendet, der Szondytest der die Sympathiewahl von Reizen (Portraits), der Lüschertest, der die Wahl von Farben für die Beurteilung des geistigen Zustandes des Prüflings behandelt. Hier ist im Gegensatz zu Fragebogentesten eine Verschleierung weitgehend ausgeschlossen. Indessen sind die projektiven Teste sehr problematisch, da die Phantasie des Prüfers mit dem zu Prüfenden gewöhnlich nicht übereinstimmt, ein Tintenklecks demnach verschieden gedeutet werden kann, Farben nicht auf alle eine identische Wirkung ausüben, die Betrachtung und Bewertung eines Portraits sehr subjektiv sind. Die Erkenntnis des konkreten Bewusstseinsinhalts wird daher nicht entscheidend verbessert.

Körperliche Ausdrucksarten

Zahlreiche körperliche Ausdrucksarten und Bewegungen beziehen sich auf Bewusstseinsinhalte und werden von den Mitmenschen gedeutet im Zusammenhang mit dem konkreten Verhalten. Diese Ausdrucksbewegungen können zum Teil gelenkt werden, teilweise sind sie unabänderlich. Ein Ausdruck ist häufig mehr- oder vieldeutig, was die Erfassung des Bewusstseinsinhaltes, ohne Kenntnis der allgemeinen und besondern Umstände und früherer Erfahrungen erschwert oder unmöglich macht und viele Fehlurteile verursacht. Die Gründe des Ausdrucks stammen oft aus dem Unterbewusstsein.

Der Ausdruck des Gesichtes: Ein häufiges Phänomen ist das Erröten. Dieses ist nicht lenkbar, es tritt automatisch auf, deutet auf ein Gefühl der Scham und der Verlegenheit. Es ist zu unterscheiden vom Rotwerden eines Wütenden und dessen Blutzufluss. Der Wütende kann sich nur schwer beherrschen. Die Intensität der Gesichtsröte übersteigt die des Errötens bei weitem. Weshalb jemand errötet oder wütend wird, lässt sich nur aus den

Umständen des Verhaltens mit einem Analogieschluss ableiten.

Das *Kopfnicken* oder *Kopfschütteln* zeigt Einverständnis oder Ablehnung irgend eines Verhaltens. In Fremden Kulturen haben diese Ausdrucksformen oft eine gegenteilige Bedeutung. Diese ist demnach nicht angeboren. Kopfnicken und Schütteln können auch ironisch gemeint sein oder die Einstellung zu einem Vorgang verstärken. – Das Blinzeln mit den Augen mag oft schalkhaft sein, einem andern einen Wink geben, manchmal wird eine Rüge besser überstanden. Das Blinzeln ist nicht immer eindeutig und wenig aufschlussreich für den Bewusstseinsinhalt eines andern.

Das Gleiche gilt für das Runzeln der Stirne, das bedrohlich aussehen mag, ohne es zu sein, oder Zweifel und Ablehnung ausdrückt. Das Verziehen der Mundwinkel dürfte meistens auf eine Enttäuschung zurückzuführen sein, also einer Stimmung des Bewusstseins entsprechen. Wer seine Mundwinkel in Gegenwart eines andern verzieht, schätzt diesen vielleicht als minderwertig ein, vielleicht ist er nur unzufrieden. Was er denkt ist kaum auszumachen. – Man lacht oft unwillkürlich, wenn unerwartet eine komische Lage eintritt. Das Lachen kann hämische Züge annehmen und bei unerträglichen Schmerzen sich in verzerrter Form als sardonisches Lachen einstellen. Man kann auch einen andern auslachen. Oft kann oder muss man es unterdrücken. (Eingehend haben sich Bergson (Le Rire) und Nietzsche (Das Tier das lachen kann)) mit der Bedeutung des Lachens abgegeben. Das Lachen stimmt mit einem fröhlichen Bewusstsein überein, wenn nicht das Gefühl der Schadenfreude oder der Selbstironie damit verbunden ist, es gestattet Spannungen zu lösen.

Das *Weinen*, bisweilen unaufhaltsam, erweist sich als komplex, kann es doch einem Gefühl der Trauer entsprechen oder des Unglücklichseins, der Wut des Wehrlosen Ausdruck geben oder sich als Freudentränen erweisen. Starke Gemütserschütterungen lösen oft Tränen aus, unbeschadet der Art des Geschehens. Tränen sind auch eine Waffe für die Erreichung eines Zweckes. Eine für die Deutung des Bewusstseinsinhaltes wesentliche Erklärung bedarf hier einer eingehenden Aufklärung der Motive.

Das *Zittern* des Hauptes, des Körpers und der Hände beruht (abgesehen von Krankheitsfällen) meistens auf der Furcht vor andern Menschen oder vor einem gefährlichen Ereignis, und aus Angst, manchmal auch auf der Erwartung eines freudigen oder spannenden Erlebens. Es gibt eine labile Einstellung des Bewusstseins wieder, wobei man näher abklären muss, weshalb sich der Mensch fürchtet oder freut. Es lässt sich kaum unterdrücken, wenn man nicht einen Gegenstand fest anfasst.

Oft öffnet man seine Augen weit oder schliesst sie; das erste um zu staunen, das zweite aus Scham, Furcht oder Demut. Es kann sich bei alledem auch um eine Gewohnheit handeln. Eindeutig lässt sich der Bewusstseinsinhalt eines andern aus diesen Fakten nicht erkennen. Überdies lassen sich diese Vorgänge lenken.

Wer auf seine *Zähne beisst* um ein Gefühl der Freude oder des Schmerzes zu unterdrücken, erweckt den Eindruck sich vor der Reaktion auf etwas Ungelegenes oder zu Vermeidendes zu schützen, doch besteht ein grosser Spielraum für die Motive aus denen dies geschieht; es ist hier nur ein bescheidener Einblick in die Bewusstseinslage des Partners möglich. Die Sinngebung bedarf der Kenntnis der konkreten Umstände. Das Gleiche gilt für die Damen der Rokokozeit, die hin und wieder in Ohnmacht fielen.

Die Körperhaltung: Menschen mit aufrechter Körperhaltung gelten oft als stolz, selbstbewusst oder eitel. Vielleicht sind sie lediglich gesund und treiben Sport. Jedenfalls lässt sich für den Inhalt des Bewusstseins und die Selbsteinschätzung nichts bestimmtes ermitteln. Wer in gebeugter Demutshaltung erscheint, wird oft als introvertierter Mensch angesehen, obschon seine körperliche Arbeit seinen Rücken geschädigt hatte, und mancher Gelehrte wird von seiner Arbeit bedrückt, besitzt jedoch ein grosses Selbstbewusstsein; ob er unter seinem Körperzustand leidet und wirklich bescheiden ist, lässt sich nicht ohne weiteres feststellen.

Die Haltung der Arme: Ausgestreckte Arme sind für die Erteilung von Befehlen oder zum Drohen geeignet; sie stoppen Menschen und Fahrzeuge, deuten auf Gegenstände und Vorgänge, oft erteilen Priester mit ausgebreiteten Armen ihren Gläubigen den Segen. Abgesehen vom Zweck dieser vom Bewusstsein gelenkten Gebärden, kann der Bewusstseinsinhalt eines andern hier nur andeutungsweise aus den Umständen erkannt werden. Ein Verkehrspolizist gibt seine Zeichen gewohnheitsmässig; was er sich dabei denkt, ist schwer zu sagen, ergibt sich aus seinen Gesten nur sehr unzulänglich. Vielleicht fühlt er sich als Herr der Lage, vielleicht möchte er lieber anderweitig eingesetzt werden, da das Wetter zu kalt oder zu warm ist und der Strassenverkehr zu gross. Mehr als die Zeichengebung an Bewusstem enthält oder verlangt lässt sich kaum erkennen.

Viel Beziehungsreicher ist die Umarmung von Mann und Frau beim Liebesspiel. Wie bei einem Gespräch ist hier die Wahrnehmung fremder Bewusstseinsinhalte sehr erheblich, da und soweit die Partner aufeinander eingestellt sind. In vielen Fällen trifft dies nicht zu, weil der eine seines Partners überdrüssig, der Gefühlsinhalt flau und lustlos geworden ist, die Gefühlskälte oder gar die

Gleichgeschlechtlichkeit verdeckt worden waren. Der Liebestrieb ist an sich Teil einer übergreifenden Ordnung, die die Erhaltung der Art ermöglicht. Beim Ringen, Schwimmen und allen Arten von Zweikämpfen ist das Bewusstsein weitgehend mit der Körperbewegung befasst, demnach nur in seinen Zwecksetzungen erkennbar.

Der Ausdruck der Hände: Das Streicheln eines andern, eines Kindes oder einer Frau ist ein Ausdruck der Zuneigung; es entstammt dem Bewusstsein (erweist sich öfters als Schmeichelei) lässt aber viele Motive zu, die mit der Liebkosung nicht übereinstimmen. Es ist ein mehrdeutiger Vorgang. Das Gleiche gilt für den *Händedruck*. Dieser mag verschiedene Motive besitzen, Zuneigung, Einverständnis, Bekräftigung, Schmerz, Dank und Gewohnheit; der damit zusammenhängende Bewusstseinsinhalt bedarf der Erfahrung des Verhaltens des Partners und der Kenntnis der Sitten. – Wer seine Hände reibt, möchte diese vielleicht wärmen, vielleicht hat er ein gutes Geschäft abgeschlossen und freut sich darüber, vielleicht jucken ihn seine Hände. – Manchmal spielt man mit den Fingern, besonders wenn man in Verlegenheit geraten ist oder auf unangenehme Dinge warten muss. Das Händespiel drückt eine Unsicherheit und Unruhe aus. Die Motive können vielgestaltig sein; massgebend ist meistens ein unbewusstes Motiv.

Die *Gangart* des Menschen unterscheidet sich mehrfach. Normalerweise sind die Schritte lang oder kurz, rasch oder langsam, hart oder weich, treten laut oder leise auf. Soweit sie bewusst sind, ist über das vom Bewusstsein hinaus gelenkte psychische Geschehen nicht viel genaues zu erwarten. Wohl kann man aus der Geschwindigkeit des Schreitens auf das Temperament Analogieschlüsse ziehen, den übrigen Bewusstseinsinhalt jedoch nicht zuverlässig erfassen. Überdies führt die Gewohnheit des

Gehens oft zu einem unbewussten Vorgang. Die konkreten Motive des Gehens ohne Kenntnis aller Faktoren sind aus dem Tatbestand der Bewegung nicht abzuleiten. Man kann auch auf den Zehen gehen, was den Füssen schadet, aber der Eitelkeit dient, weil man keine strenge körperliche Arbeit verrichten muss, doch besagt dies nichts klares, weil eine allgemeine Sitte gilt.

Für die Erfassung des Bewusstseinsinhaltes sind viele weitere Erfahrungen notwendig.

Die Motive für Laufen und Springen sind zahlreich. Man läuft um einen Zug nicht zu verfehlen, rechtzeitig in eine Sitzung zu kommen oder eine Zusammenkunft einzuhalten. Was konkret massgebend ist, muss, abgesehen vom Bewusstseinsinhalt der die Bewegung lenkt, sorgfältig abgeklärt werden.

Auch das Schleichen ist nicht einheitlich zu motivieren. – Dagegen gibt das *Tanzen* heute meistens eine Stimmung der Lebenslust wieder. Der Tanz findet bei den meisten Völkern Anklang. Beim Brahmaismus tanzt der Gott Shiva in einem Feuerrad, alles verzehrend, was von Brahma ausgegangen ist, damit es sich erneuere. Der König David hat vor einem Altar getanzt. In Griechenland waren Tänze weit verbreitet, so Waffentänze als Vorübung des Krieges, gottesdienstliche Reigen, dionysische Chortänze als Vorboten der Tragödien und viele andere religiöse und weltliche Tänze. Bei den primitiven Völkern ist der Tanz eine allgemeine Sitte, insbesondere in Afrika und Australien. In den Südsee-Inseln tragen die Tänzer oft riesige Masken. In der Gegenwart bestehen zahlreiche Tanzarten, so volkstümliche Reigen und Walzer, Bauchtänze in Kabaretts. Je rascher oder erotischer getanzt wird desto mehr muss sich der Tänzer auf die Tanzbewegungen konzentrieren. – Kampfspiele, Zweikämpfe Boxen, Leicht- und Schwerathletik lassen keinen grossen Spielraum für andere Vorstellungen und Bestrebungen als mit den Spielen verbunden sind, zu.

Die Erkenntnis fremder Bewusstseinsinhalte und Zustände ist ein schwieriges Unternehmen, wo nicht sprachliche Äusserungen zahlreiche Erfahrungen körperliches Zusammenwirken oder aussergewöhnliches Leiden, das man gewöhnlich nicht verbergen kann, erfasst werden.

Immerhin bestehen z.t. Gesetzlichkeiten, nach denen bewusste Körperbewegungen unvereinbar sind mit andern Bewusstseinsinhalten. Je rascher, schwieriger, intensiver ein Bewegungsablauf ist, umso grösser ist die Konzentration des Bewusstseins auf die Bewegung, desto geringer und schwächer sind die Möglichkeiten unabhängiger Bewusstseinsvorgänge.

Bei der mittelbaren Erfahrung des Bewusstseinsinhaltes des Partners fehlt meistens die Fülle der in diesem Bewusstsein enthaltenen Vorstellungen, Gefühle und Bestrebungen. Die Deutung fremder Bewusstseinsinhalte ergibt sich aus den eigenen Erfahrungen, die man in einer gleichen oder ähnlichen Lage macht, in der sich der Partner befindet oder zu befinden scheint. Es liegt ein komplizierter Analogieschluss vor, der je nach dem Charakter der Beteiligten zutrifft oder versagt. Weiterhin sind viele Kombinationen von Ausdrücken möglich, andere wieder ausgeschlossen. Bei einem Liebesspiel wird wohl öfters gelacht und ein Gefühl des Wohlbehagens wiedergegeben, indessen wird keiner auf die Zähne beissen; wer weint, wird selten seine Genugtuung ausdrücken. Lust und Schmerz lassen sich in ihrem Ausdruck selten dazu in abnormen Fällen vereinen. Wie oben ausgeführt sind Sprache, Liebesbeziehungen, Wettkämpfe und Tänze die wichtigsten Quellen für die Erkenntnis der Bewusstseinsinhalte fremder Menschen. Was man jedoch zusätzlich denkt oder fühlt neben dem was man spricht, bei Kampfspielen und Tänzen erlebt, kann der Partner nicht wissen, auch nicht ob es mit der "Rede" oder dem sonstigen Verhalten übereinstimmt und was der Sprechende oder Laufende bewusst unterdrückt.

In *Extremfällen* grössten Schmerzes kann sich der Bewusstseinsinhalt mit einem Hilferuf decken. Es fragt sich ob man im allgemeinen feststellen kann, ob der sich über einen Gegenstand oder ein Gefühl äussernde Partner die Wahrheit sagt oder lügt oder unvollständig und mehrdeutig sich ausdrückt. Hierfür gibt es keine sichern Merkmale, wenn schon ein aussergewöhnliches Verhalten des Partners Verdacht erweckt. Wo der Partner Unwahrscheinliches erzählt, unsicher wirkt, (weil er fürchtet entdeckt zu werden) aussergewöhnlich reagiert, nervös wird, den Fragenden oder Zuhörenden nicht anblicken kann, sich verhaspelt, in Widersprüche verwickelt, ist es nicht unwahrscheinlich, dass er nicht glaubt was er sagt.

Das Selbstbewusstsein des Menschen, seine Selbstachtung spielen eine grosse Rolle bei jeder Unterredung mit andern Personen.

Von der bewussten Unwahrheit und Unterdrückung des Hergangs eines Deliktes bis zur Infragestellung und Verwischung wesentlicher Tatsachen, der Behauptung, von allem nichts zu wissen ist oft ein kurzer Weg gegeben. Jeder *Richter* weiss oder sollte wissen wie schwer es oft ist, eine Partei oder einen Delinquenten einzuvernehmen. Für den *Arzt* ist der Zusammenhang zwischen Schmerzen und Wunden, Krankheiten und Schmerzen in den meisten Fällen einfacher abzuklären, da sich dieser aus den durch zahllose Erfahrungen gestützten Krankenbildern ergibt. Der Ausdruck des Schmerzes ist jedoch von vielen subjektiven Umständen abhängig, da manche Menschen jeden Laut eines Leidens unterdrücken können (so der Krebskranke Philipp II von Spanien), viele schon aufschreien, wenn sie Blut sehen. Ausserdem gibt es eine erhebliche Zahl von Querulanten oder Wehleidigen. Immerhin dürfte in der Mehrzahl der Fälle der Ausdruck des Schmerzes mit dem Bewusstseinsinhalt des Kranken oder Verunglückten übereinstimmen, wenngleich die Intensität dieses Ausdrucks verschieden ist.

Das Interesse als Bewusstseinsinhalt

Die gegenwärtige Rechtswissenschaft schützt menschliche Interessen (früher war der Buchstabe des Gesetzes massgebend). Man unterscheidet subjektive, bewusste Interessen von unbewussten objektiven. Ein Kind hat viele objektive Interessen, z.b. erzogen zu werden, deren Sinn es nicht kennt. Für die vorliegende Studie ist nur das bewusste Interesse zu behandeln, da das unbewusste nicht Gegenstand des Fremdbewusstseins sein kann.

Gewöhnlich hat der Mensch zahlreiche subjektive Interessen; er handelt jedoch nicht immer sinngemäss. Nach seinen eigenen Erfahrungen schliesst man auf die Interessen des Mitmenschen, die Bewusstseinsinhalt bilden sollen; massgebend ist dabei sein Verhalten in seiner Umgebung oder in der Vergangenheit.

Wie bei den körperlichen Ausdrucksweisen ist auch bei den vermuteten oder vorhandenen Interessen ein grosser Spielraum gegeben. Die Interessen bilden nur zeitweise den Bewusstseinsinhalt, sie werden oft rasch abgelöst. Man unterscheidet materielle, körperliche und geistige Interessen, wobei man gewöhnlich das Wesen seines Nachbarn nur sehr oberflächlich kennt und sich über seine Freuden und Sorgen täuscht.

Der Mensch handelt in einer gesellschaftlichen Umgebung. So ist das aus dem Verhalten oder den Umständen vermutete Interesse des Mitmenschen (wenn es überhaupt besteht) mehrfach zu deuten. Wer die Schalterhalle einer Bank betritt, hat vielleicht ein Interesse daran Geld von seinem Sparheft abzuheben oder eine Einlage zu machen, Wertpapiere zu erwerben oder abzustossen, Geld zu wechseln oder Darlehen aufzunehmen oder zurückzuzahlen; sein Verhalten lässt somit zahlreiche Schlüsse zu.

Ebensowenig lässt sich aus dem Betreten eines Warenhauses ableiten, der Kunde wolle kaufen, habe also ein Interesse an einem Kauf. Möglicherweise will er mieten oder sich über das Warenangebot und die Preise orientieren. Da eine Hausfrau jeden Tag einkaufen geht, kann hingegen aus ihrem Gang in die Stadt mit einer Einkaufstasche auf ihre Absicht geschlossen werden das tägliche Brot nach Hause zu tragen. Ihre den Notwendigkeiten und Gewohnheiten entsprechenden Interessen bilden einen Teil ihres konkreten Bewusstseinsinhaltes. Dieser bezieht sich nicht nur auf die Interessenwahrung sondern auf zahlreiche andere Vorkommnisse, die Betrachtung von Schaufenstern, die Zeiteinteilung, Gespräche mit Freunden, Bekannten, den Angestellten in der Bank und im Kaufhaus, Überlegungen wie die Bankgeschäfte und Einkäufe von der Ehefrau und der Familie wohl beurteilt werden. Was man neben der Zwecksetzung erlebt, denkt und fühlt ist beziehungsreich und kaum von einem Dritten festzustellen. Die Interessen des Mitmenschen sind eine veränderliche Quelle für die Erkenntnis eines fremden Bewusstseins, da man oft von seinem Vorhaben abgelenkt wird.

Massenpsychologie

Wo Menschmassen mit gleichen oder ähnlichen Interessen sich bei einem spannenden Anlass zusammenfinden, stimmen ihre Gefühlsäusserungen weitgehend mit ihrem Bewusstseinsinhalt überein. Die Masse stimuliert, bildet einheitliche Erwartungen, Hoffnungen und Gefühle, sodass sich das Bewusstsein der vielen angleicht. Bei einem Stierkampf verbreitet sich der Beifall wie eine Woge unter den

Zuschauern. Bei einem Fussballspiel werden die Mannschaften mit primitiven Zurufen angefeuert oder niedergeschrien; ausser dem Geschehen auf der Spielwiese, das die Leute fasziniert, wird das Bewusstsein von andern Dingen wenig beeinflusst. Die Masse wirkt ansteckend; worin sich Bewusstseinsinhalt der Einzelnen unterscheidet, lässt sich nur summarisch beurteilen.

Bei religiösen Veranstaltungen werden in der Regel Gebete verrichtet, Predigten angehört und sakramentale Handlungen vorgenommen. Hier ist schon der Anlass das bestimmende Element des Bewusstseinsinhaltes, wenngleich andere Interessen nicht völlig vernachlässigt werden können. Auch sind die Motive der Teilnehmer eines Festes nicht identisch und die Gefühle von unterschiedlicher Intensität und Echtheit. Der Ausdruck der Gebete ist gewöhnlich feierlich, eintönig und eindringlich. Anderseits kann die Stimmung oft nicht bis zum Ende erhalten werden. Was Einzelne oder Gruppen denken und fühlen lässt sich im Allgemeinen nur aus ihrem Verhalten ersehen.

Bei Kundgebungen und Massenveranstaltungen verbindet die Sprache Redner und Teilnehmer, ferner die Teilnehmer unter sich.

Ein aussenstehender Betrachter wird aus dem Verhalten der Beteiligten zu den Ausführungen der Redner z.B. aus Beifall oder Protest seine Schlüsse ziehen über den Bewusstseinsinhalt der Versammelten. Sofern eine Zusammenkunft eine einheitliche Zwecksetzung besitzt wird diese das Hauptmotiv bilden für die Beteiligung; die übrigen Bewusstseinsinhalte sind hier gewöhnlich nebensächlich. Wo verschiedene Bestrebungen zum Ausdruck gelangen, bestehen oder entstehen Parteien und Gruppen mit verschiedenem Bewusstseinsinhalt. Die Erkenntnis des Bewusstseins ergibt sich hier aus Zwischenrufen, Beifall, Protest und Abstimmungen oder auch der Auflösung der Versammlung. Es gelten hier überall die gleichen Regeln wie bei der Beurteilung des Fremdbewusstseins in den Einzelfällen. Am Ende der Veranstaltung tritt eine Normalisierung der Bewusstseinszustände ein, sofern nicht ein grosser Teil der Bevölkerung von Unruhe und Aufruhr erfasst wird.

Die mittelbare Erkenntnis des Fremdseelischen hat viele Grenzen, da die Menschen sich in ihrer Sprache oft zurückhaltend ausdrücken, vieles verschweigen oder beschönigen, fast alle andern Ausdrucksmittel mehr oder vieldeutig sind, und die Gefühle wechseln. Häufig beurteilt man den Mitmenschen nach einigen wenigen Vorkommnissen. Im allgemeinen genügt die mittelbare Erkenntnis des Fremdseelischen für das Verhalten gegenüber den Mitmenschen; sie verhindert, dass der Mensch, wie es bei einem unmittelbaren Erleben des fremden Bewusstseins die eigenen und fremden Interessen und Bestrebungen nicht mehr oder nur schwerlich unterscheiden kann und seine Eigenart verliert. Dies alles zeigt wie erfindungsreich das menschliche Seelenleben organisiert ist.

Wieder lieferbar:

HERMANN GAUSS

HANDKOMMENTAR ZU DEN DIALOGEN PLATOS

7 Bände komplett, über 1600 Seiten, broschiert   sFr. **168.–**

Aus dem Inhalt:
I. Teil – 1. Hälfte: Allgemeine Einleitung in die platonische Philosophie.
1952. 243 Seiten.
I. Teil – 2. Hälfte: Die «Frühdialoge». 1954. 215 Seiten.
II. Teil – 1. Hälfte: Die «Dialoge der Übergangszeit»: Gorgias, Meno, Euthydem, Menexenus und Cratylus. 1956. 229 Seiten.
II. Teil – 2. Hälfte: Die «Dialoge der literarischen Meisterschaft»: Phädo, Symposium, Staat und Phädrus. 1958. 272 Seiten.
III. Teil – 1. Hälfte: Die «Spätdialoge»: Theätet, Parmenides, Sophist und Politicus. 1960. 264 Seiten.
III. Teil – 2. Hälfte: Die «Spätdialoge»: Philebus, Timäus, Critias und Gesetze.
1961. 268 Seiten.
IV. Teil – Registerband. 1967. 191 Seiten.

Band I/1	243 Seiten, sFr. 35.— geb./br. (Band I/1 wird z.T. *nur* gebunden geliefert)
Band I/2	215 Seiten, sFr. 34.70, br.
Band II/1	229 Seiten, sFr. 35.80, br.
Band II/2	272 Seiten, sFr. 30.20, br.
Band III/1	264 Seiten, sFr. 41.20, br.
Band III/2	268 Seiten, sFr. 44.90, br.
REGISTER	191 Seiten, sFr. 33.20, br.

Von einzelnen Bänden ist noch eine kleine Zahl gebundener Exemplare am Lager. Lieferung erfolgt zum Preis der broschierten Ausgabe auf Anfrage und solange Vorrat!

Ebenfalls lieferbar ist

Hermann Gauss
OPUSCULA PHILOSOPHICA
Aus der Werkstatt des Philosophen. Schriften aus dem Nachlass, hrsg. von Alfred Hebeisen
Bern, 1972. 497 Seiten.
ISBN 3-261-00630-7   geb. sFr. 66.95

Die «Opuscula philosophica» sind als Ergänzung und als biographische Illustration zum «Handkommentar zu den Dialogen Platons» gedacht. Veröffentlicht werden hier drei Jugendschriften, die Gauss im Alter von 24 bis 27 Jahren geschrieben hat, ferner eine Reihe von Ansprachen und Vorträgen aus den ersten Jahren seiner Lehrtätigkeit